KUWEI

酷威文化

图书 影视

Breaking Up with Busy

成为自己

[美] 伊冯娜·塔利 —————— 著

邓迪 ————— 译

四川文艺出版社

图书在版编目（CIP）数据

成为自己 / (美) 伊冯娜·塔利著；邓迪译. —— 成都：四川文艺出版社，2021.6
ISBN 978-7-5411-5610-6

Ⅰ.①成… Ⅱ.①伊… ②邓… Ⅲ.①女性—自我管理—通俗读物 Ⅳ.① C912.1-49

中国版本图书馆 CIP 数据核字 (2021) 第 057554 号

著作权合同登记号 图进字：21-2019-546

Breaking Up with Busy, by Yvonne Tally

Copyright © 2018 by Yvonne Tally

First published in the United States of America by New World Library.

All rights reserved.

Simplified Chinese rights arranged through CA–LINK International LLC

CHENGWEI ZIJI

成为自己

[美] 伊冯娜·塔利 著

邓迪 译

出品人	张庆宁
出版统筹	刘运东
特约监制	王兰颖
责任编辑	陈雪媛
特约策划	王兰颖
特约编辑	苟新月　刘玉瑶
封面设计	ABOOK–Aseven
责任校对	汪　平

出版发行　四川文艺出版社（成都市槐树街2号）
网　　址　www.scwys.com
电　　话　028-86259287（发行部）　　028-86259303（编辑部）
传　　真　028-86259306

邮购地址　成都市槐树街2号四川文艺出版社邮购部　　610031
印　　刷　北京永顺兴望印刷厂
成品尺寸　145mm×210mm　　　　　开　本　32开
印　　张　7.5　　　　　　　　　　字　数　100千字
版　　次　2021年6月第一版　　　　印　次　2021年6月第一次印刷
书　　号　ISBN 978-7-5411-5610-6
定　　价　39.80元

献给我可爱的女儿朱丽叶。

爱是什么，你就是什么。

亲亲你，拥抱你。

目　录

CONTENTS

前　言

　　当下，"我很忙"已经成为"我很好"的新代名词，不管是在足球比赛的场地外，还是在办公室的走廊里，人们随处都能听到这句话。在社会上，有一种文化期待认为女性应该一直处于忙碌的状态，如果她们不忙，那么她们肯定没有多重要，或者她们肯定很懒。

　　忙碌不仅仅是一种行为，还是一种弥漫于当下的时代精神。想要摆脱忙碌，只有方案是远远不够的，更需要每个人发现自己忙碌背后的动因。只有这样，我们才不会没完没了地安排超负荷日程，才不会在姐妹们"不够忙"时，向她们投以不屑的目光。我们一旦明白是什么在操纵着自己的行为，就能够做出改变，重拾闲暇时间，不再白白将它浪费掉。

忙碌是一种奇怪的身份象征，它就像假冒的名牌服装一样——从外面看，光鲜亮丽，但里面设计错乱，细节缺失，只有穿着的人才知道，外人所看到的都是假象。对许多人而言，这种骗术让他们有种融入了精英群体的感觉。我们不都想要融入吗？渴望归属感、渴望奉献、渴望受人重视，这是人类的天性。但是，为了成为忙碌群体中的一分子，我们付出了什么代价呢？忙碌又是如何从一种消遣方式变成一种生活方式的呢？

超负荷女性非常清楚忙碌是什么感觉。因为对她们而言，"我很忙"就是真实的生活现状。她们每天分秒必争地工作，尽力去满足所有的要求，忙碌几乎成了生活的全部。有什么应对之策吗？是用克隆人，还是找个助理，或者是来段假期？事实上，这三者都是她们所需要的。但是，在一个能干的机器人或一个语音控制的虚拟助手到来之前，她们只能一手拿着自己长长的任务清单，一手拿着快要爆炸的手机……如果随便给她们的日常生活截个屏，那么肯定充斥着各种各样的对话和独白："你在哪里？我需要这个……你迟到了……嘿，你能再接一下……我需要你完成那份报告，以最快的速度！我那个时间已经有安排了……妈妈，你怎么不回我的信息？亲爱的，我找不到我的……我正在开会，你什么时候到？由于到达时间太晚，您的预约已被取消！"这些短信、电子邮件和未接来电像一把 X-Acto[①] 牌的刀具一样精准、迅速、深入、无情地切割着她们忙碌的日子。

超负荷女性应该如何把所有事务都安排妥当，同时还能挤出一点私人时间呢？这一要求是不是太过分了？她们又是如何知晓自己已经身处那个臭名昭著的兔子洞[②]边缘，即将滑入过度忙碌的深渊呢？不幸的是，这类女性太忙了，她们经常会忽略掉相关的蛛丝马迹，继而变成自由落体，掉入那种超负荷的生活方式里。在她们意识到自身处境之前，忙碌的节奏已然是一种新常态了。

---

① X-Acto：生产各种刀具和办公用品的美国品牌。

② 兔子洞（rabbit hole）：形容一种复杂、奇怪、困难的状态或情形。

当然，如果她们幸运的话，在摔最后一跤之前，会出现一股能够推她们一把的力量——足以惊醒她们，又不会让她们头朝下摔倒。

对我而言，那股力量产生的契机是在一个八月的早晨。那天早晨我手里拿着睫毛膏，咖啡放在化妆镜的一边，突然，我的世界变黑了——星星飞舞，视野模糊，心跳加速，胸口发紧。这一切就发生在浴室里，当时我瘫倒在地板上，呼吸困难。我以为自己心脏病发作了，意识到这一点后，恐慌来临，因为我害怕失去自己所爱的一切。我立刻数了数生命中所有需要依靠我的人并自问：我怎么能让他们伤心？这种事情怎么会发生在我身上？我就甘心这样死在自己家里的浴室地板上吗？

急救人员来了，当他们给脸上只化了一半妆的我戴上氧气罩时，我的虚荣心浮出了水面。我想起自己凌乱的卧室，堆在水池里的早餐盘，还有那只尚未涂睫毛膏的眼睛。这些迹象清楚地表明：我考虑事情的先后顺序严重乱了套。在这样的时刻，我怎么还在想没能呈现出一个完美的自己呢？

　　在被抬上救护车、去往医院的路上，我脑海里想的全都是：现在不行，我还有太多事情要做！在经过一系列检查和数小时的等待后，急诊科医生告诉我，这不是心脏病发作。他从眼镜上方斜视着我，肯定地说："你刚刚是恐慌症发作。"我？恐慌症？他肯定拿错检查报告了！我感到尴尬不堪。当他接着说"这种情况在女性身上屡见不鲜"时，我既感到屈辱，又充满好奇。我究竟是怎么忽略那些征兆的呢？这是在说我的生活偏离了秩序井然的轨道吗？我之前一再给自己的沮丧和烦躁情绪找借口，认为这些情绪是正常的，因为此前的一切都非常正常。然而，忙碌的生活、过度的计划、超负荷的工作，还有那些承诺、种种事情和义务，都在我的眼前渐渐浮现出来。过度忙碌所产生的恶性后果向我袭来，让我措手不及。而且，当我下定决心要做出改变时，才发现：我既无金钱来医院"度假"，也无时间干躺在急诊室的床上，看着其他病人来来往往。在医生说"这种情况时有发生"时，我就向自己保证：我不会再让这种情况发生在我身上，是时候进行自我干预了。我虽然还不知道该如何调整自己的情绪，但已经下决心要找到解决方案了。

我决定仔细看看是什么在我的生活中造成了这么多的焦虑和紧张。我很困惑：像我这样，一个积极思考、积极活动、吃有机食品的人，怎么会躺在救护车里面呢？

当我在好奇心的驱使下和其他女性分享自己的经历时，我震惊地发现她们中的许多人都有过相似的经历。无数女性都感到过不知所措，都有过恐慌、疲劳、长期沮丧、易怒和抑郁的心理，偶尔还会有在办公室和卫生间里关起门、精神崩溃的时刻。其中还包括一些特别优秀的女性——她们头脑清晰，能够迅速并完美地完成待办之事，她们似乎毫不费力就能平衡事业与个人生活。这些女性都是办公室里积极上进、事业有成的人，是家长会里最出色的家长，是社区里最优秀的志愿者，同时还是社会活动和企业活动中能干的组织人员……每年元旦前，她们会在邻居中率先完成假日购物任务，弄好花园里的春播，制订全家的夏天旅行计划；她们凭借智慧和决心，顺利完成大学学业，建立起了一段出色的职业生涯。无论是在董事会上，还是在她们的私人领地里，她们都以充满激情的社交手段和娴熟的执行力平衡好了一切——至少表面上是这样。但她们的日程排得太满了，我得想出一个解决方案来帮助她们所有人，包括我自己。

解决方案就在我的指尖，但我一直忙于处理自己与"忙碌"的关系，甚至都没有意识到，我已经成为谚语所说的"没有鞋子的补鞋匠"了。我花了二十多年的时间来寻找健康生活的技巧，却忽略了一个重要秘诀：正念减压法。

正念减压法不仅仅要求我们要有一种良好的态度，我还意识到，它还可以与健身和健康食品带来的积极影响联系起来。每个人都知道健身和健康食品的重要性，但由于某种原因，直到最近，大众才开始接受正念减压法，认为它可以成为一种改变个人生活的工具。

当我把注意力转向这种联系的建立时，我想起了大约二十年前我和母亲的一次经历。那天是母亲节，母亲邀请我去参加一个神经语言程序学研讨会。研讨会里有五十多个成员，他们会为自己寻找或者帮助客户寻找提高日常生活质量的方法。主讲人充满活力、魅力十足，并且讲话风格尖锐有力。当他说自己想在观众席中找一位志愿者时，我举起了手。我不知道当时做这种举动的原因，因为我并不喜欢做这种事情——在一群陌生人面前暴露自己。尽管如此，我还是走上了讲台，找了一把凳子并坐了下来。主讲人说他的方法是引导我将情绪干扰因素从我的潜意识中释放出去。太棒了！这正是我想要的——当着一屋子陌生人的面哭。

他引导我回答一系列问题，我都一一作答。我对自己的坦率感到惊讶。然而，大约进行到一半的时候，我感到自己整个身体紧张起来，感情升腾。我手心开始冒汗，前额发紧，脸颊发热，眼睛也有些刺痛。正当我的泪闸快要打开的时候，他突然说："把你的电话号码倒着说一遍！"我当时想：搞什么？这家伙疯了吗？我正因为你帮我唤醒的那些糟糕回忆而准备痛哭流涕呢，你现在却要我倒背电话号码？

当我努力回想并大声倒喊出那串数字时，我感到身体开始平静，脸颊不再冒热气，所有流泪的迹象都消失了。倒着说出我的电话号码，让我有意识地停顿下来，控制住了自己失控的感情。

这就像每天，你沿着同一条路开车，不用去考虑下一个转弯在哪里，一切都是如此地熟悉，尽在掌握中。然后，有一天，一个小孩突然冲到你车前。你猛踩刹车，立刻注意到周围的环境。你脑海中所想的一切都消失了，所有的注意力都集中到这件意想不到的事情上，在此刻——倒述电话号码就起着类似的作用。这是一种简便快捷的方法，可以让你从机械式自动思维中跳出，回到当下的现实生活中去。

那一天，我意识到我的行为常常来自很久以前就建立起来的潜意识层面的反应，我过去的经历——我的训练——养成了我的习惯，引导了我的情绪。那天的方法尽管只是神经语言程序学的一个小样本，但却改变了我的意识。我立刻被这种训练带给我的种种强大的可能性以及帮助人们发现自己的行为局限和改变机械式习惯的技巧所震撼。但当时的我还没有完全做好面对真实自我的准备。直到二十年后，那次恐慌症发作，我才终于做到了对自己坦诚相待。

2012 年，在那次恐慌症发作之后，我通过学习获得了神经语言程序学的硕士学位。感谢加州神经语言程序学研究所的蒂姆和克丽丝·哈尔博姆。专业的训练让我走上一条快速通道，让我得以对自己的生活方式做出快速而持久的改变。

紧迫的生活方式带来了重重挫败感，我开始梳理引发这些挫败感的习惯。我发现，忙碌不仅仅是由习惯造成，还有一个潜在的理念在作祟。这个理念窃窃私语道：女性说她们能完成一切，所以一切就都交给了她们。这里的"一切"指家庭和事业，在过去的四十年里，女性一直如竞赛般在加快生活的节奏，同时还要兼顾家庭和事业。

而我们参与这场竞赛所付出的代价包括事业上的延误和中断、来自双方父母家庭的有限支持以及更多的经济责任。此外，我们还承担着很多社会期待，人们认为我们应该做到并做好这一切。如果我们没有冷静地做好一切，如果我们需要在汽车后座躲几分钟独处一下才能完成所有的事情，我们就会感到自己是失败的。

我的恐慌症要归咎于自己紧张忙碌的生活方式。在我断断续续地睡了一整夜之后——大约五个小时，我的一天便开始了，从凌晨的四点四十五分开始。我在工作日的工作时间通常会持续十二个小时，经常忙到深夜，那时我年幼的女儿已经上床睡觉了。虽然我热爱自己手头的一切，但我深知自己做得太多了。我定期健身，热衷健康饮食；然而，我过度安排日程的习惯渐渐超过了这两者带来的好处。我需要的正是被重重地推一下，让我做出一些改变习惯的选择。我必须找到解决方案。幸运的是，我也找到了。本书将为你介绍这些解决方案和具体实践方法。

我很自豪地说，自从我发现了自己属于哪种忙碌类型，并研究了本书中列出的每一个解决方案之后，我的恐慌症就再也没有发作过。我用自己的经验和共事二十多年的女同事们的经验，探索出多种解决问题的技巧。迪帕克·乔普拉、杰克·康菲尔德、里克·汉森和桑德拉·考布拉特的作品给了我很大的启发。他们的杰出著作在正念、科学和生活方式领域产生了巨大的影响。

这本书是我运用"健康—饮食—态度"法和"五步超级解决方案"的成果。以上这些，连同我受神经语言程序学启发而得到的技巧，构成了本书的基础。你的工作不应该排进你的私人时间中，你的抱负和目标不应该为忙碌的生活让步。你应该得到更好的。作为一个同样超负荷工作的女人，我写这本书是为了让你走出过度忙碌的陷阱，重新过上你想要的生活。

　　如果你是 5500 万挣扎着去重拾自己生活的女性中的一员，那么对你而言，走出这场忙碌赛跑的第一步，就是不慌乱、不匆忙地停下来，休息一下。这本书提供了有效的并且妙趣横生的解决问题的办法，能够帮助你找回应得的平静。通过本书，你想要完成一切工作的狂热会慢慢冷却，你会学会放松自己并重新评估自己的期望；你会弄清楚自己忙碌的原因，弄清楚自己是哪种类型的超负荷女性，弄清楚如何重置自己的思维方式，并找到最适合自己的告别忙碌的解决方案。

　　我的"五步超级解决方案"可以帮助你实现生活的转变。这一方案有可能成为你摆脱忙碌习惯的首选工具，解决方案的每一个步骤都可以被快速地掌握。因此，无论你面临什么情况，你都可以利用个人力量，立即改变自己的生活！为了让你脱离忙碌的状态并一直保持下去，本书特别设置了 52 条小贴士来提醒你应该如何度过每一周。这本书将成为你的魔杖、万能钥匙和秘密武器。

　　如今的女性重新设定了群体标准，而且标准很高。

我们期望自己表现得完美无瑕、精力无限，承担多重角色，并且与众不同。我们的共同目标是成为最具创造力和活力的专业人士——无所不知的父母，善解人意、体贴入微的伴侣和忠实可靠的朋友。我们的完美主义期望导致了这种不切实际、极其苛刻的心态，我们同时处理多项任务，在弥漫着咖啡味的空气中疲惫不堪地默默低语：付出是成功的基础。然而，我厌倦了总是去付出自己，是时候改变这种模式，开始朝着一个新的方向，一步一个脚印地前进了！

我请求你，就在这一刻，放下所有的评判、所有的假设，把你的每一步都想象成从一座美丽的大山中央流出的瀑布。一条倾泻而下的瀑布并非一开始就是瀑布，它始于一滴水，它的伟大和力量在于它的连接性，而不是它的独立性。你与自我的连接就像瀑布中水与水的连接，你是自己的思想与身体、精神与灵魂的伟大产物。就像命中注定的那样，是时候去重新连接每一个部分，重塑一个全新的、完整的你了。

　　我们周遭的女性无一例外地都受到了超负荷生活方式的影响。在不知不觉中，我们正为这种影响烙上一种赞同的印记，并且正在把这种超负荷工作的心态传授给下一代女性。但是，一旦你走向光明，你也会为后继的其他女性铺平道路。通过共同努力，我们可以改变"做好一切"的含义，并在这个过程中，建立起一种变革的主动力，让每个女性都意识到自己做得已经够多了。而告别忙碌就是我们第一步要做的。

第一章

告别忙碌的生活

第一节
一位超负荷女性的自白

　　如果你是一位超负荷女性，那么你需要拥有超级女强人的能力——旁人抓耳挠腮也想不通你究竟是如何完成那么多工作的。虽然你没有魔法，手上也没有道具加持，但却掌握着如何云淡风轻地抛接多个球的诀窍。你有很强的上进心，并尽力成为最好的自己。你可能充当着领头者的角色，有一种出奇准确的直觉，知道什么时候该鼓励别人发光发亮。你也可能是一个乐观主义者，热情洋溢，在姐妹会里受人欢迎，有着领导他人的远见卓识。你还可能是个完美主义者，喜欢取悦他人，喜欢团队合作，也喜欢独立思考。但是，有一件事是确定无疑的，那就是你很忙！

作为一位超负荷女性，你既是一个充满善意、善于解决问题的人，也是一个被驱动的、不知疲倦的过度付出者，或者还可能是其他种种形象。这两者都可以是个人资产，也可以是职业属性；然而，任何一种身份过重，都会让你疲惫不堪。当你感到疲惫不堪时，仔细阅读下文，你会发现所有的忙碌迹象都会像拉斯维加斯的灯光棚一样亮起来。

·匆匆忙忙·

因为急着完成任务所以将日程安排得太满，这种行为与忙碌是密切相关的。数百名客户与我分享了她们的故事，以及她们为跟上生活节奏而采取的不同寻常的创造性方案。乍一看，她们特别忙碌的习惯似乎很容易改变。然而，造成忙碌风气被广为接受的那种"我要完成它"的态度，却深深植根于超负荷女性的意识之中。

超负荷女性自白：边走边吃

早上我从冰箱里拿出冷冻的珍妮·克雷格①餐，出去办事的时候，就把它放在汽车的仪表盘上。到了中午，它就会完全解冻，可以吃了。我把它放在膝盖上，边吃东西边开车去要去的地方，而不用停下来专门找个地方用餐！

从开始每天几分钟的忙碌，到最后被忙碌吞噬掉一整天，忙碌曾经是一种看似无害的习惯，现在却成了一种文化。它有一种让人上瘾的吸引力，承诺人人有机会融入社会，获得成功，成为最好的自己。

接受高等教育，找到工作，自主决定是否成为母亲，这并非等同于自由；相反，它们往往也是一扇通往另一些事情的大门——不可错过的会议、无法保守的承诺、模糊了第一天和第二天界限的日程安排。为了让事情运转而走的各种捷径，消耗掉了我们每一寸空闲时光。责任和期望

---

① 珍妮·克雷格（Jenny Craig）：美国一家减肥、体重管理和营养公司。该公司在美国、澳大利亚、加拿大和新西兰拥有700多个体重管理中心。该公司将个人体重管理所需要的食品通过其中心分发或直接运送给客户。

之间的不平衡导致个人补给充其量只是一天的一个脚注。

超负荷女性自白："我讨厌做一个老师助理。"

我女儿非常想让我做他们班的老师助理，我也非常想为她做这件事，但是我的工作太忙了，我不知道自己能否抽出时间来。当我请班上的另一位妈妈替我担任这个角色时，她断然拒绝："绝对不行！你应该分清轻重缓急，你女儿不会永远处在这个年纪，你要珍惜机会。"我感到自己被踢进了一个自己都不知道自己身处其中的圈子。我最终还是扮演了老师助理的角色，但做得很糟糕。幸运的是，我的姐姐帮我参加了大部分的课堂活动，但这也一直让我感到内疚——我应该想办法去的。我工作能力出众，管理着一个高智商团队，而且管理得很好。但是带 20 个二年级的学生去科学博物馆，实在太超出我的能力范畴了。

| 我比一个独腿踢踏舞演员还忙！

·通往超负荷工作之路·

"努力工作会让你成为实干家和变革者精英群体中的一员"的承诺，是超负荷女性"忙碌"的一部分原因。这就像一个仰慕者向你抛出的媚眼，让你觉得自己很特别，但你不知道自己特别在哪里，也不知道这意味着什么。

你是否发现自己在完成一长串待办事项的同时，也在为第二天制订一份新的清单？或者，你即便知道同时处理多项工作并不能帮助你更快地完成任何事情，却依然那样做。把事情做完，身处忙碌的状态，会让我们感觉：我们很重要，我们不可或缺。这可能不是一种有意识的想法；事实上，我们可能真的觉得忙碌的生活方式是必要的。其实，忙碌不是必要的，忙碌让人筋疲力尽。

作为父母，我们至少要花十八年的时间抚养孩子，直到他们上大学或离家去其他地方。而通常，我们的责任不会就此止步；当他们二十多岁的时候，大多数成年的孩子会回到他们童年的卧室——那些如今被我们称为"家庭办公室"的地方。

作为专业人士，建立一个成功的职业生涯也需要差不多同样的时间。如果你单身，正在寻找伴侣，可能也需要抽出足够的时间去搜索一个约会网站，建立一份个人资料，然后鉴别人选、见面、交谈，然后重复——这是一个必经的过程。

如果我们把所有这些努力都列在人生清单上，它可能会是这样的：爱、事业、家庭……听起来很合理，对吧？但是，从字里行间你会发现，陷阱就在这里：它让我们用一条腿，以双拍子，不停地跳着忙碌的舞蹈。单单想一想超负荷女性们列出的下一步计划，我就感到累。

超负荷女性自白：一天参加两场婚礼

我喜欢参与正在发生的事情。我通常会一个接一个地制订任务——我喜欢在一天内完成多项工作。但因为我是全职家庭主妇，有两个孩子，所以必须找到一种方法来处理好一切，同时不占用家庭时间。周末是最难熬的，因为孩子们有很多体育活动。有一次，我一天参加了两场婚礼。我参加了第一场婚礼的教堂仪式和第二场婚礼的接待仪式，然后再回到第一场婚礼，去参加它的接待仪式。两场婚礼的风格大不相同，我不得不准备两件礼服，而且只能在车里换衣服。我觉得很有趣，但我丈夫认为我疯了！他问我为什么我们两场婚礼都要参加。我解释道："因为他们都希望我在场，我不想让任何一方失望！"我喜欢尽全力把事情做到最好。事实上，我正是这么做事的。

这就是超负荷女性的专属歌词：创造条件，实现一切，完成一切，拼尽全力，尽善尽美！然后，再来一遍！

我妈妈过去常说："我比一个独腿踢踏舞演员还忙。"我现在明白她的意思了，我相信你也明白。正如这一章里超负荷女性们所讲的故事一样，许多女性都在以最快的速度跳舞，来跟上她们已经开始了的生活。当你在本书中探索解决方案时，你会发现：发掘出自己忙碌行为背后的动机，有意识地设置边界，可以让你的超负荷女性特质得到最好的施展。你将学会如何停止忙碌、重新调整自己的节奏，继而让自己和谐地跳舞，而不是匆忙地瞎跳。

第二节
无休止忙碌的代价

金妮的超负荷女性故事

金妮是个非常忙碌的母亲。她的工作要求很高，需要参加好几次周中会议，每个月还要出差一周。金妮的丈夫也经常需要出差。他们还有三个不到十岁的孩子。在女儿学校的家长会那天，金妮派她最好的朋友代替她参加了。"你女儿对你没有出席家长会有什么意见吗？"我问她。她回答道："这就像工作外包一样。我告诉她，代替'妈妈'的人会比我有趣得多。她知道妈妈很忙，不能一直陪在她身边。如果可以的话，我愿意把刷牙都外包出去！"

如果说，我想让你从这一节中学到些什么，那应该就是：你在过自己的生活，而不是在赛跑。放慢速度，这样你就不会处于赛跑中，也不用每一步都在不断地追赶他人。首先，你要去了解是什么让你总处于赛跑状态中，以及这种状态给你带来了什么。当你做到了这一点，你就可以想出一些切实可行的解决方案，为新的灵活多变的习惯腾出空间。

你可以从探索自己需要摆脱的十个忙碌迹象做起。这种探索将帮助你确定自己忙碌习惯的背后是什么。是时候丢掉忙碌，与最纯粹的自己保持联系了；也是时候开始设定一个适合自己的新节奏了。在这个过程中，你也可能带动其他女性效仿你的做法，减少工作量。

和十个"忙碌"迹象分手

1. 当你所爱之人要求你为他花时间的时候，你经常会选择放弃自己要做的一些事情。

2. 你觉得自己既做得太多，又做得不够。

3. 忙碌是你的新常态。

4. 你觉得自己被日程所控制。

5. 你每天至少有一顿饭，是边站着或边做其他事情边吃的。

6. 你正在经历体重变化、皮肤问题或脱发问题。

7. 你睡眠严重不足，而且经常失眠。

8. 你曾经喜欢花时间做的事情现在感觉做起来很麻烦。

9. 你经常感到不知所措或焦虑。

10. 你总感觉忙碌是为了跟上自己的步伐。

这些迹象你觉得熟悉吗？当然熟悉了！我们都是在这所"忙碌俱乐部"里聚集的成员。忽视这些迹象看似无害，然而，忙碌会给你和你的健康带来风险。虽然我可以像其他超负荷女性一样，勾出上面所列的大多数迹象，但是直到我被送进了急诊室，我才开始正视这些身体信号。不幸的是，对很多女性来说，这种情形并不罕见，而且忽视身体信号导致免疫系统受损的情形也不罕见。为了更好地理解这些迹象是如何变得如此普遍的，就让我们简略但认真地看看那些繁忙的工作是如何开始的，以及那些繁忙的节奏对你有何影响。让我们从安的故事开始，看看聪明又成功的女性是如何在不知不觉中忽略了自己忙碌的信号。

安的超负荷女性故事

安是一位成就斐然、事业成功的超负荷女性。在她二十五六岁时，就已经开了第一家公司。安怀着第四个孩子时还在攻读工商管理学硕士学位，她在所有的商业领域都出类拔萃，但私生活却不太幸福。尽管她"每件事都做得正确"，符合"父母对她的所有期望"，并超越了她自己所处精英群体的最高标准，但是，她与父母和配偶关系破裂，与孩子们感情疏远。在她四十岁出头的时候，她的消化系统开始出现问题，失眠变得严重，体重也暴增。她看过顶尖的医生，但没有人能诊断出她所患何种疾病，也没有人能把这些症状与她的忙碌习惯联系起来。生活了这么多年，她的大部分时间都在满足人们对她的期望，而且她认为这些期望是因自己苛刻的生活方式而产生的。

安第一天来到我的办公室时，带着之前的多份就诊记录，以及她想让我做些什么的计划。我对她说："看来你已经找到了解决办法。那么，你为什么还要找我帮忙？"安回答："我只是想有人让我做我自己认为应该去做的事。"我明白，她并不是真的想让我负责——因为让别人负责、做决定意味着放弃控制权，意味着去信任不确定性，这让她感到非常不舒服。

直到和我一起工作了大约六个月，安才真正放松了警惕，开始探索自己完美主义习惯背后的真正原因。她一生都被非常成功的女性所包围，她见证过母亲和姑姑们取得的巨大成功。然而，她自己的成功从来都不在她的计划中，那只是大家对她的期望。她感觉自己总是在追赶自己，甚至不确定自己是否喜欢正在从事的工作。事实上，她一直想成为一名芭蕾舞演员，而不是首席执行官。事业上的成功对她来说非常容易，但对建立、发展自己的私人关系她却缺乏信心。她越想控制自己的私人关系，她所爱的人就越疏远她，这反过来又加剧了她的不安全感，使她无法尝试别的方法。她也意识到自己的不确定性和焦虑正转化为身体上的不适症状。她的这些发现以及她对这些发现的认识使得她开始做出改变。我为她设计了一个适合她的真实生活，而不是一个她"应该"去做的健身计划。我把每日冥想（这个真的太难推销出去了）作为她健康计划的一部分。我们达成了一项共识，她每天至少有一顿饭要安安静静地吃，不带电子设备，也不谈公事。于是，安开始将工作的界限设定得更好，为家人腾出了更多的时间。随着时间的推移，她身体的不适症状开始消退，直到完全消失。这是一个缓慢的过程，幸运的是，她的改变坚持了下来。

安依然非常成功，现在，她的成功还包括与孩子和丈夫建立起更好的关系。她的生活虽然并不完美，但变得更好了，她终于不再强求"超越过去的自己即是最好的自己"。顺便提一下，安参加了一个成人芭蕾舞班——

虽然只是为了好玩。她重新定义了忙碌的意义，现在，忙碌只是她日常生活中的偶然情形，而不是一种习惯。

从安的故事中我们可以看到，忙碌并不是凭空而来的，忙碌的行为会慢慢扩散开来。安通过观察家里的女性明白了这一点，而且她的许多行为反过来又对她的家庭产生了影响。忙碌行为产生的能量会影响到你接触的每一个人，你和这些人——伴侣、孩子和同事——相处的时间越多，你对他们的影响就越大。

因此，我们不禁疑惑：忙碌是如何变成这样一个恶霸的？忙碌推推挤挤，进入我们的生活，就好像它本就属于生活的一部分，像爱、家庭和幸福一样重要。但事实就是这样，当我们忙得不可开交时，我们会因为吃饭占用的时间太久而感到内疚。

哦，对了，我在开什么玩笑呢？再也没有人静下来吃饭了——我们太忙了！忙碌这个恶霸狡猾地偷走了我们的时间，同时，却又承诺给我们更多的时间。了解忙

碌如何变得如此强大、无处不在和被人接受，将会帮助
你重获更多时间，并使它变得更有意义。

·忙碌这门生意·

忙碌就像庞氏骗局，在这场投资中我们拆了东墙补
西墙，大多数人都会觉得自己从来没有得到过好的收益。
科技造成的时间幻觉对我们产生了深远的影响。大多数
人习惯性地使用大量的小玩意儿，以为它们能帮我们腾
出时间和空间，但实际上，科技产品会一直让我们分心。
我们敲几下键盘，就能在脸书上联络到"朋友"；我们
发短信聊天，就能避免打电话那种耗费时间的活动；我
们每天都在网络上分享照片，就像自己正在从事专业的
摄影工作一样；我们给照片加上美颜滤镜和丰富的标签，
让世界知道我们很重要，我们很忙！

我们中的许多人曾经在意生物钟的影响，但现在却
被电脑、平板电脑、手机和汽车上不断报时的时钟所包

围。时间提醒是永恒的，它无处不在。科技及其诱人的省时小工具已经把我们变成了时间奇才，就像威利·旺卡^①的传送带一样，把大量的任务、约会、差事、会议和杂务源源不断地输送出来。多亏了这些技术创新，我们可以在一天中的任何时候点餐，然后等着食物被快速地送到公司或者家门口；我们可以在周日下午两点，一边穿着睡衣吃着冰激凌，一边通过互联网约会；我们甚至不用离开后院的躺椅就能申请离婚、交税，甚至能找到一个住在南美某个洞穴里的亲戚。我们几乎可以随时拥有自己想要的任何东西——这就是问题所在。忙碌没有边界，它裹挟着无边无际的自我期待在我们的生活中蔓延。

忙碌不仅仅是因为我们对科技产品的疯狂使用，还是因为匆匆忙忙、时不我待的感觉已经深入了我们的文化之中。随着经济的增长和收入的增加，我们已经赋予了时间金融价值——但时间值得更高的价值。我们就时

---

① 威利·旺卡：电影《查理和巧克力工厂》里好莱坞影星约翰尼·德普饰演的一个角色。

间的使用和自己谈判，好像我们要想以自己的方式使用时间，就得征得时间同意。我们拥有的时间越少，想要的时间就越多，这就跟钟表指针不停地在嘀嗒嘀嗒走一样，直到最后，我们连自己的节奏也跟不上了。

我们总怕时间不够用，因而总是急速前进。除了这种担忧，我们的文化也认为忙碌的人是重要的、有价值的，种种因素让我们完成了一张又一张不合理的日常事务清单。在这种情况下，我们无法记住自己应该去做什么，或者自己已经做了什么，因为当我们在做自己正在做的事情时，会格外分心。我们这种想要做更多的心态让忙碌像坐在汽车后座对驾驶员指手画脚的专横的人一样进入了我们的生活；它虽然在视野之外，但你却知道它在那里，因为它总是影响你的行为，即便你（至少在理论上）是实际开车的人。

| **放慢节奏可以帮你**

理清思路，激发能量，重振精神，唤醒激情。

·忙碌和私人关系·

如上所述，我们的行为会产生涟漪效应[1]。作为父母，我们在用行动教导孩子如何忙碌起来。我们给孩子安排过多的学习和活动任务，设定高标准，并向他们提供最新的科技支持，帮助他们成为人群中的佼佼者，进而让他们为进入一个竞争激烈的现实世界做好准备。尽管我们可能是出于好意，但我们不断地追求用更少的时间做更多的事情，以及努力教孩子做同样的事情，最终会使我们彼此疏远。

当忙碌挤进我们重要的私人关系中时，亲密的空间就所剩无几了。当陪伴他人左右，允许自己脆弱，并意识到自己和伴侣的需求时，亲密感情就出现了。而当我们被自己的追求分散注意力，改变了优先顺序，把重要的私人关系置于自己的追求之后时，我们就与伴侣失去

---

[1] 涟漪效应：亦称为"模仿效应"，是由美国教育心理学家杰考白·库宁（Jacob Kounit）提出的。指一群人看到有人破坏规则，并且这种不良行为未被及时处理，他们就会模仿破坏规则的行为。

了联系。因此，当我们感到累了、有压力时，我们就不太可能从自己的私人关系中得到鼓舞和支持。反过来，当我们的伴侣觉得自己在我们心中不重要时，他们也不太可能给我们以支持与鼓励。

职场中，人们认为把"少做多联系"当作成功的法则，似乎有悖于常理。其实不然，如果一家公司认识到职场上人际关系的重要性，并为之付出努力，它就能获得长久的益处，如员工更健康，缺勤率减少，担忧和焦虑减少。培养人际关系需要时间和精力，但如果公司不把培养人际关系当成其宗旨的一部分，那么它就会错过机会，员工的个人健康和幸福也会被牺牲。试想一下，如果我们都放慢步伐，去了解白天大部分时间在一起相处的同事，结果会如何呢？建立职场关系不需要邀请同事共进晚餐。我们只需要稍微放松一下，跟同事多相处，多去了解他们，就可以建立起更好的协作关系，沟通也会变得更顺畅，同事之间的关系也会更和谐。

·你的忙碌价值几何？·

你的忙碌值多少钱？你的健康呢？你的人际关系呢？你的职业呢？现在，你已经确定要摆脱忙碌了，可以保持这种意识，去探索是什么激发了你的忙碌，以及它在你生活中的重要性。下面的三个问题将帮助你开始这两个方面的探索。

1. 是什么激励着你继续忙碌的步伐？

2. 忙碌的生活节奏给你带来了什么价值？

3. 你想要什么，你需要通过什么来得到自己想要的东西？

花几分钟的时间仔细考虑每一个问题——这是一个重要的步骤，可以帮助你明确自己的动机，这样你就可以摆脱忙碌，开始休息了。当然，这些问题可能不容易回答。也许你从来没有想过是什么激励着你，也没有想过忙碌会是一种选择、一种文化、一种行为，一种引诱你让你觉得自己很重要和有价值的行为。只要探索这些问题，你就会发现你已经扩展了自己的思维，而这能让你认识到自己的盲点，并发掘你的优势。所以，恭喜你！你正在与忙碌分手的路上，开始过你自己的生活，而不仅仅是赛跑。准确地了解那些让你忙得不可开交、让你的计划排得满满当当的策略是什么，是你下一步要做的事情。

第三节
改掉忙碌的习惯

忙碌这一习惯就像其他任何习惯一样——需要练习才能改掉。你可能已经习惯了从一个地方匆忙赶到另一个地方，习惯了在想说"不"的时候说"好"，或者习惯了总是扮演那个靠谱的人的角色，但这一切都让你感到筋疲力尽。我相信你再清楚不过那是什么感觉了，也准备好了不再重蹈覆辙。而对于习惯问题，只触及表面、隔靴搔痒，不过是一种缓兵之计。

正如我们上一节所说的，你必须深入挖掘自己忙碌背后的动机以及你从忙碌这一习惯中获得的价值。动机是欲望和行动之间的桥梁，为了使自己的改变——尤其是对一些根深蒂固的习惯的改变——变得持久，你需要借助动机让自己专注于自己的目标，不受挫折干扰。动机决定了你完成既定目标的可能性有多大。在制订和实施与目标相关的决策时，了解你对结果的重视程度是至关重要的。动机使你的努力与目标保持一致，而你对目标重视与否在很大程度上决定了你能否成功地实现目标。

下一步是了解在制订策略时，你的动机和习惯是如何在你的思维过程中发挥重要作用的。当你改变思维、改掉陋习、找出需要 / 渴望之间的联系时，就能开始建立新的策略，帮助自己摆脱掉忙碌的习惯，让自己的生活更加快乐。

· **我们如何 / 为何做手头事务？** ·

我们一生都在针对问题制订策略。这些策略就像一套工具，为我们的人生导航。而这套工具也深受我们的父母或主要看护人的影响。随着我们的成长、变化，这些工具也在进化，帮助我们磨炼出其他性能出色的工具。当然，我们也可能仅仅出于经验去使用一些不怎么奏效的工具。经验的增长、策略的改进以及这些工具的进化，就是我们成长过程中指导我们的东西。价值观、道德和社会规范影响着我们的行为，并成为我们的策略发展和策略结构的一部分。当我们有了这些经验，运用了这些策略，习惯就形成了。我们就是这么做自己的手头事务的。

下面，沙琳的故事将说明一些人是如何调整策略、改变行为的。她们拥有强大的自我评估、转变观点和改变方法的能力，这些能力让她们得以重塑自我。

沙琳的超负荷女性故事

我小时候经常搬家，因此我读过六所初中、三所高中。每一次搬家，我都得想办法交朋友，并且融入新环境之中。由于我经常搬家，因此与人交往——在不和他人过于深交的情况下交朋友——成为我无论走到哪里都会采取的一种自发的融入环境的方式。在人际交往中保持一种疏离感还帮助我在事业上取得了进步，因为我能够在不过度投入的情况下建立人际关系，而这能助我实现想要的目标。我学会了把人际关系和我需要做的事情分开，但让我感到痛苦的是我的私人感情。直到快四十岁的时候，我才明白这个策略中不适合我的地方在哪里。我与外在环境保持距离的能力破坏了我接触真正的亲密关系的能力。当我意识到这点时，我的脑袋里好像打开了一盏灯——我怎么能忽略掉这一策略中不适合我的地方呢？现在我需要学会调整策略来得到自己需要的东西。

好的一面是，我们都有能力适应变化，都有能力重塑自我。当你对自己忙碌的习惯做一些小修改时，你就会逐渐建起一座从现在的位置通往你想要到达的位置的桥梁。

习惯是一种下意识的举动。当我们感到压力和忙碌时，习惯往往是我们的应变之举。习惯是由三个基本要素组成：触发点、行为和奖励。例如：现在是下午五点（触发点），你倒了一杯酒（行为），然后坐下来放松（奖励）；或者，你的电话响了，你看到来电显示是你最好的朋友（触发点），所以你接了电话（行为），你知道她经常逗你笑，你非常喜欢和她聊天（奖励）。触发点、行为和奖励是促进无意识的思考、情感和举动的基本机制。简单来说，习惯是训练的结果。通过重复某一行为，我们能用较少的有意识思维来训练自己的身体和大脑，最终形成一种习惯。我们接受的训练越多，就越容易形成、运用和保持习惯。我们越积极看待奖励，就越有可能使用相关训练，因为它为我们提供了想要的结果，或者至少是我们熟悉的结果。十九岁时，我被雇用为一名空乘人员，在那时，我就明白了这一点。

　　在我接受的训练中，紧急演练和安全演习是主要部分。我和其他学员一次又一次地被置于潜在的灾难性境地，其中很多都是在与飞机内部构造一致的真人大小的模拟器中发生的。比如说，在紧急着陆时，机舱里烟雾弥漫，好似着火了，而紧急滑梯被卡住了，出口也被堵住了等。

我们接受训练是为了掌握出现突发状况时的一些应对技巧。而其中一种技巧最终成为我时常在生活中应用的实用方法："三十秒回顾"。它用在飞机起飞后的前三分钟和降落前八分钟——这两段时间被认为是飞机最容易出现紧急情况的时刻。

我们坐在机组人员的座椅上，脑子里飞快地想着飞机起飞和降落的过程中可能发生的所有重大紧急情况。进行这一回顾的前提是，无论你脑海中想的是什么，无论你从训练中收获到的是什么，它们都能帮你做出反应——即使混乱和危险接踵而至。即便在四十年后，作为一名乘客，我仍然会在每次坐飞机时做这个三十秒回顾。

其实每天，我们都在使用类似的方法来强化习惯，以得到自己需要和想要的东西。例如：在冥想时，我用有意识的思维来调整思想，从而得到我所需要的东西（从精神和身体上为自己充电），这是我想要的东西（头脑清晰、有创造力、心平气和、精神连接）的核心。我每天去健身房不是因为我喜欢锻炼，而是因为健身能够让我重新充电，精神放松，身心更加健康。我经常冥想，经常健身，我从这两种习惯中获益颇多，并向拥有一种健康的生活方式不断迈进。我冥想和健身的动机来自我从这两种习惯中所获得的回报，这些高价值的回报反过来又让我把这两种习惯作为一项长期策略来坚持，从而获得自己想要的东西。

人人熟悉习惯，因此我们不会有意识地去思考如何使用习惯。这就是为什么采用新的方法，如实施一个锻炼计划，会让人感觉更难、更累，因为它们需要更多的思考和练习。一段时间后，我们不用太费力，就能掌握新习惯，也能更轻易预测出随之而来的结果。我们对某个习惯的熟悉常常使自己忽视掉它不健康的事实。这就是为什么坏习惯常常破坏我们践行好习惯的愿望。养成新的、灵活多变的习惯，是帮助我们应对自己面临的问题的关键。你越清楚哪些策略对你有效，哪些策略与你的需要／渴望（我们将在下面进一步讨论）保持一致，你就越有可能无意识地使用这些习惯，而不是回到你以前忙碌的习惯中去。

> | 需要第一，渴望第二；一旦你明白这个关系，
> 那么你就更有可能实现自己的目标与愿望。

·忙碌让你远离了自己需要
和渴望的东西了吗？·

某些策略和方法通常适用于短期目标，即我们想在不久的将来就完成的事情，如度假、买新车或还清信用卡。生活方式的改变，如打破忙碌这一习惯，则需要一种更持久的方法，这种方法可以发展成可持续的策略，最终形成新的习惯。

打破忙碌，你需要确定自己的需要 / 渴望关系，以及这种关系如何影响你的目标。例如：如果你决定要在一周内减掉五磅体重，会有很多人告诉你怎么做。你能减

掉那些体重吗？当然能。然而，从长远来看，这种做法并不可持续，你没办法一直保持每周减五磅体重的进度。我记得有一个客户，因为想减肥——已经试了好几次都没有成功，所以来找我。我必须在她的需要／渴望关系中，找出她现在急着减肥的原因。如果她的动机是想让自己看起来更好，或者是她厌倦了自己的体重，这表明她的目标还没有深入到可持续的程度。她的理由只触及了她真正想要的东西的表面。

原因越宽泛，她急于减肥的深层原因就越难挖掘出来。在这种情况下，她的减肥计划就只能是暂时性的，因为她不知道自己切实的需要——做什么、怎么做才能实现目标。如果她不知道自己所需要的具体举措及其价值，不知道这一价值将如何支持她的渴望，那她怎么能真正成功呢？当她把渴望和价值都找出来时，她现在要减肥的原因就会呼之欲出，她就会更轻松、更愉快地来实现自己的目标。

在继续之前，让我们来探索一下你的需要与渴望之间的联系。这是为了帮助你养成在做任何事之前，首先考虑自己的需要的习惯。请你思考这样一个问题：如果你渴望换工作，你应该做些什么才能实现自己的目标呢？

你可能需要写一份新的简历，与商业伙伴建立联系，为面试买一套新衣服，重新规划时间以便有空去寻找新工作。你知道你想要一份新工作，而你首先需要做的事情就是想好策略——这会让你的新工作成为现实，而不仅仅只是一个愿望。我们常常过于专注于自己想要什么，从而忽略了自己需要思考什么、做什么来实现它。我想让你仔细看看你需要什么，这样你才会更好地形成相应的策略，才更有可能得到你想要的结果。

练习：需要／渴望联系

这是一个写一本如何告别忙碌的日记的良机。当你完成本书中的练习时，你的日记或笔记本会形成一张个人地图，记录下你为摆脱忙碌所带来的疯狂生活而采取的每一个步骤。这本日记还会给你带来成就感，激励你继续前进。

1. 我真正渴望什么？

2. 当我得到了自己渴望的东西时，会发生什么改变？

3. 我需要怎样做才能得到自己真正渴望的？

4. 为什么是现在？正面陈述自己的回答。

我需要 ＿＿＿＿＿＿＿＿＿＿＿＿ 来得到（自己渴望的）＿＿＿＿＿＿＿＿＿＿＿＿。为什么是现在？因为 ＿＿＿＿＿＿＿＿＿＿＿＿ 满足了我的需求，并且 ＿＿＿＿＿＿＿＿＿＿＿＿ 是我想要的。

当我第一次让客户进行这个练习时，我惊讶地发现，她们经常会在列完自己想要的所有东西后，才意识到自己对所需要的东西只字未提。当她们言明自己的渴望时，通常会列出满满一清单的东西，或是他人必须先去完成的事情。当心那种情况！考虑一下你的个人特质与优势，以及你能如何运用自己的特质与优势来得到自己所需要的东西，继而为自己描绘出更大的蓝图。弄清楚这几点将有助于激励你采取行动。

·激励自己从忙碌中走出来，开始行动·

有的人采取行动是为了达到一个值得的目标，而有的人采取行动则是为了避免不适。我们中的大多数人都被前者所激励，而在后者中得到暂时的放松。当我们的策略来自良好的习惯，且行为由自我意识和明确的动机支持时，我们就做好了成功的准备。了解你的大脑在形成习惯时是如何工作的，能够很好地激励你采取行动摆脱忙碌。

大脑是一个强大、充满活力、不断进化的工具，它随时可用，并能产生一系列细微而巨大的变化。我们每个人的大脑都是通过一套独特的编程来运作的，比如：

如何解读自己的世界，以及如何根据经验和他人交流。在一眨眼的时间里，我们就能把原来的经验拉到当前，赋予其意义，并用语言和行为来表达意义。

　　然而，我们越这么做，就越容易从行为和思维上运用旧有的经验去制订和实行相关的策略。通过训练培养习惯的意义就在于此。只要改变一下对事物的思考方式，我们就能重新建立大脑的应对机制。当我们压力重重、忙碌不已时，大脑可能会无法清晰地思考，而这时，我们最有可能回到旧习惯中去。回到旧习惯中也是有价值的，特别是对于某些职业，比如紧急情况处理人员①，对他们而言，习惯和训练可以挽救生命。然而，有些习惯可能在当下看起来有用，但却无法支持我们实现更大的愿景。所以是时候通过训练改变这些习惯，建立新的适合我们需要和渴望的习惯了。

　　我们的每一个想法都是我们个人现实的组成部分。我们的思想指导着行动。例如：如果你花了不少时间去

----

① 紧急情况处理人员：尤指医护人员、警察或消防员。

想前任，你就无法忘记他，也无法为其他人进入你的生活创造心理和精神空间。如果你总是关注问题的本身而不是寻求解决方案，那么情况也会一样，问题将继续存在，而解决方案将得不到改进。你的思想为你的生活制订策略，为你如何管理自己独特的世界，为你的心理、身体和精神历程的扩展创造了无限的可能性。

就像身体一样，大脑也需要充电放松。过度工作而不休息会直接影响你的整体健康。重新规划策略可以唤醒意识，让你以一种全新的方式看待自己的处境和所面临的挑战，这就是大脑资产的重新启动。当我们休息，给思想——我们的大脑——充电时，我们可以开始制订新的战略，谨慎地选择如何度过自己的时间。

·生活策略库回顾·

如果你弄清楚了自己生活中的策略和在它们的影响下形成的习惯，以及这两者之间的联系，那么你已经掌握了转换、编辑或者改变相应的策略和习惯的核心工具。而且，学会弄清楚自己的需求与渴望之间的联系，能帮你改掉忙碌的习惯，把自己从计划过多的日子中解放出来。

你在生活中采取的种种策略可以整理在一个库里。而回顾这个生活策略库可以帮助你确定哪些策略适合你，哪些不适合你。当你考量好每一个工具并调整其优先级时，就可以开始编辑自己过时的策略，并为打破忙碌的习惯而设计独特的解决方案。

这种回顾是思想上的重新启动。它将帮助你获得更多有意识的选择，远离自己忙碌的习惯，让你更有活力地去改变那些阻碍你前进的习惯，并且更加乐观地面对生活。无论如何，只要回顾这些问题，你就能转换思路，而这肯定会驱使你朝着自己想要的方向前进。

练习：生活策略库回顾

1. 什么样的策略库对你适用呢？以下这些策

略结合了你的天然特质，让你轻松控制和管理自己的时间、人际关系和个人兴趣。

　　我采取 _____ 策略。这一策略运用了我的 _____ 特质。我知道这一策略对我很适用，因为采取这一策略后，我感到 _____。

　　2. 如果你要放弃一个不灵活的策略，你将会放弃哪一个？放弃它会如何提升你的生活质量？

　　当我做 _____ 时，这一策略对我不起作用，我将会放弃我的 _____ 策略。因为我知道这样做会给我更多的时间去 _____，我会感觉离 _____ 更近。

　　花点时间来反思一下你在日常生活中使用的策略：哪些能带来个人的快乐、成就感以及不依赖他人的满足感？哪些策略能提高你的生活质量？哪些策略能让你有条理地安排生活？

　　现在，你已经知道了哪些策略和习惯对你有效，并且了解了自己的需求和渴望之间的联系。因此，你拥有了摆脱忙碌的必要理由，你知道什么能激励你，什么对你来说是重要的，而忙碌不再重要。你知道如何清理自己的精神空间，如何走出忙碌这一文化怪圈。现在，可以找出摆脱忙碌陷阱的最佳解决方案了。

第四节
走出女性必须时刻忙碌的陷阱

　　在这一节中，你将剥开忙碌行为的更多外衣，找出是什么陷阱阻碍了你，以及如何计划才能让自己退出去。你会了解到女性经常陷入的四个陷阱——我将其称为"超负荷女性陷阱"，而这些陷阱建立在两个普遍的超负荷女性特征（一番好意和过度付出）之上，建立在我们忙碌文化的"应该"和期待上，还建立在对旧习惯的重复之上。走出陷阱是一种诚实的自我探索，它需要你坦率地承认自己正在做的事情不起作用，需要你投入精力来改变自己正在做的事情，需要你为逃离陷阱列出解决方案并实施它。当你走出陷阱时，你的观念将会有很大的改变。你的逃生梯来了！知道哪个陷阱让你被困住是通往出口的第一步。

| 当我们无意中把自己的情绪和某个结果联系起来，
让这些情绪支配自己的决定时，我们就会陷入陷阱。

·什么是超负荷女性陷阱？·

超负荷女性陷阱就像黑暗的沼泽——只有当你踩进
去并开始下沉时，你才知道它们的存在。我的客户经常
把她们的超负荷女性陷阱描述为她们因为总做同样的事
情而感觉被困住了，非常沮丧，尴尬不堪。她们尽量淡
化自己的感受，避免去想"情况可能会更糟"；或者，她
们虽然感到内疚，却还自我安慰"真的没什么可抱怨
的"。或许是为了逃避对不确定性的恐惧，她们往往会
过度概括，得出宽泛的结论。例如："这种情况只会发生
在我身上。"我们很可能因此而落入陷阱，因为我们想
当然地认为我们应该做得更多，做得更好。

生活中的"应该"强化了陷阱：我应该是这样的人，我应该这样做，我应该那样……自我评判会让我们陷入困境，压制创新和创造性解决问题的能力，我们将会失去注意力，很难找到新的解决方案，想法也会停滞不前。如果我们陷得太久，有可能会带着一种阴郁不安的心情来度过每一天，并产生这样一种想法：任何事情都不会改变。接着，我们开始基于这种信念做出选择。然后，我们会陷得更深。我们熟悉的习惯、判断、哄骗和被困的感觉就在陷阱的表面之下，就像草下的流沙。

多米尼克的超负荷女性故事

多米尼克有两份工作，还养育着两个女儿。作为家里第一个从大学毕业的女性，她努力工作，获得了市场经理的职位，她为自己的成就感到骄傲。她兼职的第二份工作让她有能力送女儿们上大学。接受教育是她在孩子们很小的时候就灌输给她们的一种价值观，她努力确保女儿们能得到她坚持不懈地为她们创造的机会。当开始严重失眠时，她会在睡前喝几杯红酒来缓解失眠。下午在工作中昏昏欲睡时，她就伸手去拿糖果罐。她的时间表被排得密不透风，因此她减少了锻炼身体的时间，最终完全放弃了健身。当女儿们大学毕业时，她的体重已经增加了三十多磅。当女儿们从家里搬走后，空空的家突然让她备受打击。多米尼克慢慢地陷入了对一切都漠不关心的状态，虽然她觉得自己应该更快乐、更感恩，应该感激自己重新获得自由。可是，为什么她会觉得内心十分痛苦呢？一切都在按照她的计划进行着。在我们第一次见面时，她显然对自我的放任感到不知所措、失望透顶。即使她的压力减少，时间变多，人也自由了，但她仍然感觉自己被困住了。

多米尼克意识到，她无意中延续了以前的生活方式，但是她已经不再需要这样做，而且她的旧习惯不仅不健康，也已经过时了。如果她想要重新获得健康、幸福和情感自由，享受独立的生活方式，就必须抛弃旧习惯。当她意识到这点后，开始努力去实现自己的新目标。她重新发现了自己坚韧和勤奋的特质——正是这些特质让她能够从大学毕业，能够一边做两份工作，一边抚养两个女儿。新的思维帮助她发现了妨碍她前进的因素，同时，她也意识到：她的性格特质没有改变，她也从来没有真正慢下来调整自我，从而帮助自己管理好目前的生活。确立明确的目标让她得到了改善生活所需的东西。她的体重减轻了，而且保持了下来，更重要的是，她对自己很满意。她为自己没有放弃而感到自豪——因为"这不是她的天性"。当然，更自豪的是，她改变了自己的生活，让自己成为现在的自己，而不是她认为自己应该成为的那样。

多米尼克的故事告诉我们，即使旧有习惯于我们的新目标无益，这些习惯也很容易保持下去。尽管做两份工作对多米尼克的健康产生了负面影响，但她仍然在继续。这也导致她养成了不明智的习惯——晚上喝酒，白天吃糖果。这个习惯破坏了她以往形成的积极习惯——

锻炼和健康饮食，从而导致她体重增加，自怨自艾。

这些习惯并没有帮助她过上健康的生活，但在当时，这种安慰给了她情感上的满足。当她终于明白这种情感依赖是如何从根本上影响自己的行为与选择时，她才意识到自己需要改变了。她开始按照自己设定的目标（自我感觉更好，减肥，增加爱好和休闲时间）做出选择（一份而不是两份工作，锻炼，吃得更好），这种做法有利于获得她想要的结果（更谨慎地过每一天，在义务和个人乐趣之间保持平衡）。结果是我们的目标产物，如果结果的设定经过深思熟虑，我们就能成功地实现它们。这也是她摆脱困境的策略。

为了跳出陷阱，请你把预期结果和你对这些结果的情感投入分开来考虑，突出那些能够帮助你实现预期结果的个人特质，以便你有意识地运用它们，并且检验出你的习惯是适合你的还是只是你所熟悉的。当你开始扩展自我意识和设置正念边界时，你会做得更好。

·陷阱和解决方案·

让我们仔细看下所有常见的超负荷女性陷阱。当你逐个研究时，要时刻铭记着去感受那些刺激你的东西。尽量不要评判自己的回答，不去标记自己的思路，也不要自我辩解。

每个解决方案都可以帮助你继续构建从现在到所想之地的桥梁。当你练习下文提供的解决方案时，你会做得更好，最终它们也会成为你的新习惯。

陷阱一：无所不能

陷阱的诱惑： 你认为他人的赞美表明你受人喜欢、被人接受。你还觉得这些赞美越多越好，因为它们为你设定了有利的比较标杆。

陷阱的设置： 这个陷阱的核心是肯定和承认你受人欣赏、被人重视。你想让自己在众人面前无所不能，所以给自己施加了巨大的压力。你的自尊与他人的肯定和承诺息息相关。为了完成自己所定的任务，你会常常以牺牲自己的幸福、不让自己去探索内心真正需要和渴望的东西为代价。

突破性的解决方案：要走出这个陷阱，必须把脚步放得极其缓慢，审视自己的需求和欲望，不受他人是否认可自己的束缚。问问自己，生活中缺少了哪些需要让你用忙碌来填补的无形之物。你可能需要放弃自己设定的不切实际的标准，或者建立合理的界限来重新获得情感独立。放松自己需要练习，而把注意力从"我无所不能"转移到"做我自己"是其中的关键一步。承认自己比自己做了什么更重要，这也是你逃离这个陷阱的一种方法。

此外，你需要意识到自己不能对社交媒体依赖过度，否则，你的生活仍会因为碎片化的消息而被忙碌统治。社交媒体上的友邻无休止地更新谁在哪里、在做什么，冷酷无情地提醒你你没有什么，让你不断参与到比较之中去。在你发现自己是一个女人而不是一个实干家时，限制这些干扰就显得至关重要。当一个角色没有固定在真实的自我中时，努力去适应这个角色是很辛苦的。练习自我同情是一种有益的方式，它可以让你逐渐摆脱无所不能的角色背后的完美主义倾向。

练习：自我同情

如果你需要用这种新的思维方式带给你自信，让你认识并接受真实的自己，那么每天至少要练习一次。在这个过程中，慢慢地，你会用更少的时间做出经过深思熟虑的、积极的、有把握的决定。

探索性问题

1. 你能接受别人不完美吗？

2. 当别人在痛苦中挣扎时，你会伸出援手吗？

3. 如果别人的长处不是你所擅长的，你会对他们评头论足吗？

4. 当别人内心痛苦煎熬时，你会关心和关爱他们吗？

5. 你能容忍别人的失败吗？

把这些问题变为"你自己的问题"

1. 你能接受自己不完美吗？如果接受不了，你会怎么做？

2. 当你在痛苦中挣扎时，你会接受别人的帮助吗？如果接受不了，你会怎么做？

3. 你会对自己评头论足，并把你的成就和他人的进行比较吗？如果会，你能否停止这么做，或者至少让自己放松下来？

4. 你会让自己感受痛苦，并能接受痛苦是生活的一部分吗？你是否承认自己经历过痛苦与磨难？你是否承认大多数你认识的人也都经历过痛苦与磨难，并且其中大多数人都能度过这种阶段，甚至变得更好？

5. 你允许自己失败，并认为失败是努力的一部分吗？如果不允许，你能否接受这个现实：失败让你更了解自己，而唯一的失败是不去尝试。

今天，练习一下自我同情！

· 选择一个"你自己的问题"并把它付诸行动。

· 连续五天重复这一行动，然后继续下一步。

完成上面五个问题后，请逐个巩固练习。

日常实践：培养一种有意识受启发的状态

在内心深处开始练习自我同情。当一个情景或对话里出现能激起你能力不足之感或完美主义的情绪时，请暂停你的实践练习，按照下面的某个或所有的提示，让自己回到一种有意识受启发的状态中。然后，做五次深呼吸，继续重复下面的某个或所有的动作。

1. 我会给我的不完美留出空间，因为它们是我的一部分。

2. 我会允许别人帮助我。在接受别人帮助的过程中，我将给他们机会，去体验给予的乐趣，我也给自己一个享受乐趣的机会。

3. 我会给自己放一天假，不去思考如何去取得成就。我会停下手头的事物，保持好奇心。

4. 无论今天出现什么情绪，我都会退后一步，然后再观察它们。因为今天我不是一个调停者，而是一个观察者。

5. 如果今天失败出现，我会把它视为一个机会。我要找出失败好的一面，并把它当作失败送给我的礼物。我接受自己的一切。

| 要知道，你可以不必十全十美。

陷阱二：不甘落后

陷阱的诱惑：这个陷阱让你相信，积累正确的东西会给你带来声望，并使你获得你的群体、你认同的人以及与你价值观相似的人的认可。你觉得他们是否接受你是衡量你成功和自我价值的标准？

　　陷阱的设置：这个陷阱是建立在比较的基础上，如财务、社会地位和职业上的比较。在融入群体、成为群体一分子的欲望驱使下，我们陷入了这个陷阱。陷入这个陷阱的人都有着相似的信条，认为干得越多越好，做得越棒越好。对越多、越棒的痴迷，会让你的生活成为一座摇摇欲坠的建筑——一座纸牌屋。别人的生活在我们看来可能会更好，但我们永远不可能真正知道在紧闭的门后发生了什么。别人的真实生活可能与你印象中的完全不同。想要拥有一切的欲望通过无数的营销渠道昂首阔步地出现在了我们面前。随着互联网的到来，富人和穷人之间的鸿沟只会无限扩大。网上购物的爆发，导致人们有了用折扣的价格购买饰品以达到高档生活方式的习惯。这种融入高档生活的幻觉可能会暂时保护我们，但最终无法平息我们在追赶潮流时感受到的焦虑。消费其实就是消耗，而在让我们感到心满意足的东西和我们自认为的向上移动所必需的东西之间，存在着差距巨大的鸿沟。

突破性的解决方案：懂得并感觉到自己已经足够好了，是从自我放松而不是追赶他人开始的。你需要解构表象来建立刨除消费虚荣后的自我意识。看看那些拥有"成功"饰品的人吧。这真的是你自己渴望或需要的吗？深入挖掘，找出是什么激励你去购买、积累和参与这个比较游戏的。关注你的特质，同时，如果你需要肯定或支持，可以从你的核心圈子获取——这个圈子里的人值得你钦佩、关注和体谅，他们不会要求你追赶别人，你只需以最自然的样子出现即可。

练习：不去比较

探索性问题

1. 你欣赏哪些人？写下他们的名字。

你为什么欣赏他们？选择一两个人，说出他们吸引你的特质，要具体一些。

你所欣赏的人的哪些特质对你来说是重要的？是他们的生活方式、智力、财产还是声望？

2. 他们的特质为他们带来了什么？

例如：苏聪明又勇敢，她多次运用这些特质来获得事业上的成功；萨拉富有创造力，幽默感十足，人们喜欢和她在一起，她有一大群可靠的朋友。

3. 你欣赏自己什么？

·写下你的特质。使用"我是个好妈妈"这样的标签只能触及皮毛。相反，想想那些让你成为好妈妈的特质，如温柔、诚实和可靠……例如：我对他人充满信心和同情心，容易信任他人，直觉强，特别务实。

·为什么这些特质很重要？这些特质给你带来了什么？它们如何改善你的生活？

·举三个例子说明你什么时候会表现出这些特质，并通过一两句话来陈述你当时所处的情境，你所运用的特质，以及你对这个过程和结果的看法。

·把你和你欣赏的人的特质清单放在一起，并进行比较。

·你的特质是否与你所欣赏的人的特质相同或相近？如果某种特质是一样的，你觉得这种特质是让你精力充沛还是筋疲力尽？如果它们是不同的，你希望你的特质变得和你欣赏的人一样吗？

·你是否在努力给你欣赏的人留下深刻的印象？给他们留下深刻的印象会让你的生活更好吗？如果是的话，它会为你的生活带来什么？

·这种比较游戏会让你感到筋疲力尽吗？

将你最喜欢的三到五个特质以及你如何发挥它们的作用，写成一句描述你自己的话，尽量让句子简短明了。当你需要提醒自己是谁但又不想和他人比较时，就重复一遍这句话。

陷阱三：说"是"

陷阱的诱惑：取悦他人会让你得到认可，得到他人的赞扬，并坐实这种认可。这种可预测的结果是令人安心的并能让你获得情感上的满足，也会促使你反复这样做。你觉得自己越是满足每个人的要求，就越会被人们喜欢和接受。

陷阱的设置：过于随和能够减轻一个人对不被他人喜爱的恐惧，而这种情况很可能是在童年早期形成的。当父母专横跋扈、事无巨细地掌握孩子的每一个决定时，随着时间的推移，就会剥夺孩子独立思考的信心和能力。服从会成为被爱的条件，即使你不想做这件事情，但是顺从和取悦他人的特质也会促使你选择说"是"。我们的文化经常将女性置于养育者和取悦者的位置，并在很大程度上告诉我们要遵守社会规范，说"是"比说"不"更容易被接受。然而，这经常会导致内疚、怨恨、疲惫和消极攻击行为的产生。

突破性的解决方案：在爱情关系中，让对方高兴或失望，是非常正常的。想要告别忙碌、重拾自己的每一天，你就必须打破自己说"是"的习惯，并相信即使别人感到失望，你仍然会被接纳、会被爱。在你有一些积极的经历之前，说"不"很可能会让你感到不舒服。对于那些给你带来困难的人，或者即使你已经表明了自己的界限却还强迫你做事的人，你可能需要评估一下自己与他们的关系，或者在谈话中重申自己的界限。以坚定的充满同理心的态度传达自己的信息非常重要，关键在于你要适应自己坦然地说"不"的能力。当你可以自信地选择"不"来作为回应时，你不仅仅是在打破一个习惯，而且在朝着重视健康和重塑身体、精神和心灵迈出重要的一步。

练习：坦然说"不"

知道何时以及如何说"不"，不仅关系到你的健康，也关系到人际关系的正常维持。总说"是"也是让自己忙碌的一种原因。如果经常说"是"，那么留给你维持情感和精神健康的时间就会减少。

这个解决方案会帮助你坦然地说"不"，并且让你能够坚持自己的观点。同时你要明白，学会说"不"可以为你腾出空间，让你在想说"是"的时候不必担心没有时间践行承诺。

1. 练习。坦然地说"不"。刚开始的时候，你可能觉得这个字听上去很陌生，甚至是错误的。这是学习新东西的正常阶段。扪心自问，你第一次骑自行车，感觉自然吗？也许并不自然，但最终你还是充满信心、有技巧地做到了。

2. 眼见为实。站在浴室的镜子前说十遍"不"，会建立你的自信，降低你说"不"时的心理障碍。

3. 选择自己的风格。练习说"不"时可以调整自己的语调，这样也会赋予这个字不同的含义，并让这些含义产生深入人心的力量。

4. 说话要坚定。说"不"的时候，要注意表情，尤其是眼睛。眼睛是心灵的窗户，如果你所说的与你的真实愿望相符，那么你的信息就会在传达的过程中变得完整——无论是在语言上，还是在视觉上。如果我们说的不是真心话，那么往往会因为脸上的表情而被误解。你在说"不"的时候，一定要意识到不仅仅是你的语言在传达着信息，你的面部表情也在传达信息。

5. 正念检查。选择一些过去你想说"不"但没有说出来的事情。即使你不能回到过去改变任何事情，你也可以用这个熟悉的情况来练习说"不"。重新审视自己的想法，坦然地用"不"来回应，感觉如何？下一次你会做出什么改变呢？具象一点，这样你就能很容易地把这个发现应用到下一次的实践中。

6. 从内到外留意自己。当你说"是"或"不"时，要留意自己内心深处的情感。在脑海中记下自己最初的反应，这样你就有时间暂停一下，去探索除了说"是"或"不"之外的其他选择。有时，这是我们扭转局面，反映真实自我所必需的。

陷阱四：过度奉献

陷阱的诱惑：过度奉献往往是因为我们想保护自己的弱点，想在个人系统中保持一种控制感。自我感觉良好能带给我们一种情感上的安全感（当我奉献时，人们的反应让我感觉良好），并满足我们对被感激情绪的期望。你可能会觉得自己在道德上有义务奉献（奉献是正确的做法），抑或你的过度奉献遵循了你用来衡量自己价值的一套道德原则。

陷阱的设置：为他人奉献会让你对未来感到一丝欣慰，同时也缓解了你当下的自我怀疑。但是，奉献过多的人却很难得到他人的帮助、感激或关注，因为向他人索取会激起暴露自我的感觉——那不是一种安全的感觉。如果你没有完全理解自己习惯性奉献背后的意图，那么你可能会忽略掉让事情变得更好和让自己感觉更好之间的区别，你可能最终会因为需要和依恋，而非轻松和快乐去奉献。过度奉献变成了一种下意识的决定。这种奉献是有条件的——我会付出，但我希望你能让我知道你有多感激我所做的一切——这甚至可能不是有意识的想法。奉献过多的人经常牺牲自己的需要去照顾别人，但他们最终只会感到精疲力竭，得不到情感上的满足。

突破性的解决方案：对于奉献者而言，等式的另一边是接受者。如果你总是在奉献，你就把奉献的经验从别人那里拿走了，也拿走了别人相信生活中既有奉献又有接受的机会。习惯性地质疑别人奉献背后的动机，而不是让自己无条件地接受，会让你喜欢批判。这种获得情感保护的策略是有限的。请花点时间诚实地对待自己过度付出的理由。你是在安抚不安全感吗？你对寻求帮助感到不舒服吗？如果你觉得自己付出得不够，或者付出的没有别人多，你会道歉并感觉很糟吗？如果你只说"我要停止在这段关系、这个项目或这个情况下的过度付出"，是不会改变这个习惯的，只有揭示你过度给予的真正动机才会改变这个习惯。给自己适当的休息时间，这样你就可以探索这些动机。

练习：暂停奉献

探索性陈述

1.奉献情境：接受别人的帮助会让你在情感上感到不舒服。可能的原因：奉献创造了更多被欣赏、喜欢和接受的机会，而这种机会可以保护你的情绪，改善你的日常环境。

2.奉献情境：奉献常常让人觉得被人期望、充满负担，但无论如何，我还是会为他人奉献。可能的原因：你是出于需要而不是欲望去为他人奉献，这让奉献变得很沉重。虽然你充满期待，但奉献一方获得的回报常常无法与期待一致。

3.奉献情境：我经常会带礼物去参加聚会或活动，尽管当时的场合可能不需要。可能的原因：奉献能让你放心地被团队接纳。在这种情况下，送礼可以减轻能力不足之感，或被别人评判的恐惧。礼物的作用是对抗这些情绪。

4. 奉献情境：即使是我亲密的朋友和家人，我也很难向他们寻求帮助。可能的原因：寻求帮助可能会引发人的脆弱感。为了维持自己建立的形象，避免让不喜欢你的人失望，你经常选择事必躬亲。

5. 奉献情境：我经常为他人奉献，因为我想取悦他人。可能的原因：奉献让你感到与众不同，还会有被爱、被人钦佩的感觉。被爱、被钦佩意味着你足够好，当你足够好时，你就会有安全感。

过度奉献问题

既然你已经了解了一些过度奉献的动机，那么下一组问题将为你提供走出这个陷阱的步骤。这里有一份快捷清单，可以帮助你设定当下的界限，也可以用来评估你的行为是出于自己的欲望还是习惯。

· 这件事是我想要去做的，还是我觉得自己应该去做的？

· 当我想做这件事的时候，我是感到充实还是筋疲力尽？

　　·我打算从过度奉献中得到些什么？

　　·我能成为一个匿名的捐赠者吗？

　　·我能站到一边，让别人处于为他人奉献的位置吗？

　　·当有人帮助我时，我有什么不舒服的感觉？

　　现在看看你的答案，并把你答案的精髓复制到你的"暂停奉献声明"中：

　　我今天选择奉献是因为＿＿＿＿＿＿＿＿，奉献之后，我会觉得＿＿＿＿＿＿＿＿。这可以激励我，让我的内心充满了＿＿＿＿＿＿＿＿，让我的时间充满了＿＿＿＿＿＿＿＿。

　　下次，在你投入过度奉献的角色里之前，要问问自己上面的问题，至少三个。记住，要先停下来回应你的感觉，而不是仅仅对它们做出反应——这样你会有时间探索自己奉献的真正意图。

　　你的生活在继续，你在学着放慢脚步，去掌控生活是如何流动的。想要改变耗时的忙碌状态，并有意识地控制这种状态，让自己花费的时间都发挥最大潜力，最后一件事是确定自己的超负荷女性类型。接下来，让我们谈谈这个问题。

第五节
超负荷女性的不同类型及解决忙碌的方案

现在你已经到达了改变的起点！你已经准备好去确定自己的超负荷女性类型了——确定类型会帮助你走出忙碌的陷阱，进入一种新的生活方式。每一种超负荷女性类型都有相应的思维模式练习和摆脱忙碌的方案，这些都是用来引导自己从忙碌中一步步走出来、进入精心设计的生活中的关键工具。

思维模式练习是成功改掉忙碌习惯的重要一环，并为有效而顺利地应用摆脱忙碌的方法提供了基础。思维模式的练习是一种正念练习，它能积极地推动有意识的思维过程，这样你就能在采取（语言和身体上的）实际行动之前在脑海中更好地制订自己的计划。

这种心理准备可以让你更有效地实施摆脱忙碌的方案，同时也能更有力地支持你摆脱忙碌的行动。所有的练习和解决方案都是你彻底转变的基本工具——在第二章中，我会完整地列出每一个工具，并带领大家更深入地研究这些工具。而这些工具旨在帮助你在不暴露自己的情况下向他人展示自己。现在，让我们开始分析各种超负荷女性类型，帮助你识别自己的类型以及最适合你的解决方案吧！

·准备开始·

本分析旨在找到一条新道路，帮助我们走出超负荷女性陷阱。调整你的内在反应，并将这些反应与你的外在行动联系起来，将有助于揭示那些最有可能造成你忙碌选择的心理因素。这样做能帮你找出是哪些情感让你一步步选择了忙碌。在这里，我列出了建立联系的工具，这样你就可以抛掉忙碌的负担，按照你所定义的女人的生活方式开始生活。

　　下面是所有超负荷女性类型的简介，其中包括我的客户和其他女性与我分享的综合策略、主要特征和冲突。一切准备好后，你可以在自己的日程中使用自我关照技巧、练习方法和解决方案中的一个或全部。每种技巧、方法和方案都能帮助你发现和承认自己的特质，也能暴露出你机械呆板的特性，这更能加速你的转变，帮助你制订最适合自己的思维模式的练习和摆脱忙碌的方案。

取悦他人者——她心地善良

陷阱：说"是"，过度奉献

○ 优点

　　取悦他人者是我们生活中的老好人。她总是乐于助人，所以在紧要关头，她是你打电话求助的人。不能按时到学校接孩子？打电话给她。没有一件合适的衣服去参加那个特别的活动？她会把她最好的衣服借给你。她是一流的助手，能在你看到余烬之前把火扑灭；她能保证你按照设置的时间表完成任务，而且总能提前完成；

她做事可靠，并且为自己积极乐观的做事态度而自豪。如果有人处于下风，她会默默地对其鼓励支持。

○ **缺点**

她花了很多时间来帮助他人，在这个过程中，却发现很难得到别人的帮助。其他人很少会提供帮助，而她总是非常愿意帮助他人。她对"搞砸"的恐惧很可能源于幼年时拥有一个在情感上无沟通、吹毛求疵、有条件给予爱的父母。取悦他人者的心里话听起来像是"如果我不能让你满意，或者做得不够好，你就会对我生气，可能会离开我，不理我，或者责备我"。这种喋喋不休是她自我批评的潜意识根源，也是她过于在意别人对自己的看法的根源。她可能倾向于相互依赖的关系和消极攻击的行为，并认为别人的评论或行为是针对她的。

○ **自我观照**

如果你是一个爱取悦他人的人，不妨开始用下面的方法来改变自己：

·在你的小圈子里练习说"不"。让你圈子里的人知道，你正在为自己建立界限，希望能得到他们的鼓励和支持。你会惊讶地发现，他们会很快地参与进来，并对你伸出援手——因为这是你应得的！

·探索你早期的经历。允许自己放下过去，向前走，向前看，追求你渴望的东西，然后放下过去的羁绊。

○ **思维方式重置练习**

信念的力量＊惊人的改变＊权限＊感恩＊我是/发现

○ **具体实施方案**

坦然拒绝＊数数自己的"是"＊自我评估＊找准你的座右铭＊设置健康的边界＊巧妙求助

时间乐观主义者——她有时间，只是现在没有

陷阱：无所不能，不甘落后

○ **优点**

时间乐观主义者总是有很多事情要做。她在不同事情、不同人之间扮演协调员的角色。对细节的投入和关注是她创造性思维和创新技能的延伸。时间乐观主义者

顺势而安，会随机应变。当事情出错时，她能够灵活应对、独立思考。她的动力来自对自己的做事标准的坚守，以及无论付出什么代价，都要在预定期限前交付任务。

○ **缺点**

时间乐观主义者不会对自己的时间设限，而且经常承担自己能力以外的任务。她经常答应别人过多的要求，因为她真的相信自己能把所有的事情都做完，这就导致她经常在最后一刻才取消其他的日程安排，而且经常在聚会中迟到。迟到是她让别人知道自己时间宝贵的方式，让别人知道她是被需要的，她是重要的。

扭曲的时间管理让她总是行色匆匆。她经常在心中说："还有时间，可以在……前做一件事。"她害怕被曝光或被评判，她需要证明自己有能力、讨人喜欢，这促使着她不断地行动。时间乐观主义者坚持不懈地完成自己的目标，她在自己处理多重任务和授权他人处理任务之间摇摆不定，这两者都不能给她带来她认为的努力应该带来的心理安慰。她发现自己很难放松下来，并且经常担心接下来需要做什么。

○ **自我观照**

如果你是一个时间乐观主义者，可以尝试以下建议：

·提醒自己，你并不是由自己所做的事情定义的。

·慢下来，倾听你的心声，了解什么才是真正的你。

○ **思维方式重置练习**

简单的时空 * 沉默是金 * 强大的内在力量 * 感恩 * 创造充满活力的时刻 * 我是 / 发现

○ **具体实施方案**

坦然拒绝 * 驯化时间 * 自我评估 * 找准你的座右铭 * 关掉电子设备 * 设置健康的边界

完美主义者——她让美好的事情发生

陷阱：不甘落后，无所不能

○ **优点**

完美主义者有很强的驱动力，能完成很多目标。她做事有条不紊，注重细节，非常能干。她的外表毫无瑕疵，从容淡定，时尚感恰到好处。她是完美的主人和有艺术创意的女人。她对一切美的事物都有非凡的鉴赏力。完美主义者可靠、谨慎、果断，以目标为导向，注重结果。她洞察全局的能力使她成为协调团队工作、激励他人提高业绩的理想人选。

○ **缺点**

如果她的完美主义倾向主导着她生活中的几个重要领域，那么这种倾向很可能来自她对失败的恐惧。这种恐惧常常造成挫败感，甚至抑郁，可能对她的人际关系和能力产生负面影响。完美主义者渴望得到认可和赞扬，并努力不让自己的同龄人和所爱的人失望。她对自己的世界有着强烈的控制欲——这种控制欲让她感到安全。她的大脑中不断冒出"要么成功，要么回家"的想法。倘若她不能掌控全局，而是陷入一种极度挑剔、自说自话的旋涡中，那么她追求卓越的努力和脑海中的想法则会破坏她的种种目标。她是自己最大的敌人，对失败的恐惧驱使她成为工作狂。她与脆弱做斗争，因为她对失去控制感到恐惧，而脆弱会加剧她的这种恐惧心理。她的自卑感让她变得武断、自我防卫过度、过于个人化。她经常拖延以避免做错或做出不完美的事情，因为在她看来，错误是不可容忍的。

○ **自我观照**

语言：说出你的需求或欲望。如果你不说，你只会不断得到从前的东西。

行动：行动使语言付诸实践。每天一个有意识的行动都可以让你更接近你真正想要的。

直面：直面你的恐惧，勇敢地走过去。首先要意识到恐惧释放的能量，再来减轻它对你的控制。

进化：说出你想要什么，把它付诸行动，直面你的恐惧会让你进化。

○ **思维方式重置练习**

激发脆弱性 * 权限 * 我是 / 发现 * 强大的内在力量 * 感恩

○ 具体实施方案

坦然拒绝 * 翻转陈述 * 找准你的座右铭 * 自我评估 *
五分钟 * 关掉电子设备 * 巧妙求助

女生联谊会里的姐妹——我为人人，人人为我

陷阱：不甘落后，过度奉献

○ 优点

女生联谊会里的姐妹很重视接纳他人。她可以轻松
调动起一群人的积极性，把各种人聚集在一起，同时还
能确保每个人都有难忘的经历。她热心公益，在被要求
或被需要时，会积极地参与定期的志愿活动。她轻松愉
快、无忧无虑地度过每一天，待人友好，善于交际，而
且消息灵通，并希望每个人都能得到最好的。女生联谊
会的姐妹忠诚可靠，足智多谋，她是专业的策划者，做
事充满活力。在职场中，她能够激励他人变得出类拔
萃，并能建立起跨界关系。她善于不失冷静地调停各种
谈判。

○ 缺点

女生联谊会的姐妹有强烈的归属欲。她自认为是团体中的一员，但常常不确定作为个体自己是谁。她需要被人喜欢和接受，因而常常会去做一些只为影响自己想要加入的群体的意见的事情。她的自信依赖于别人的认可，当得不到认可时，她会感到不安。

她对独处感到不自在，因为这再次证实了她对自己不够优秀的恐惧。地位对她很重要，尽管她是最后一个承认这一点的。她心中一直叫嚷着"创造可能"，在想要得到的东西上，她可以变得非常有竞争力。

○ 自我观照

建立自信。花时间写下三个自己喜欢的，也是自己身上的特质，比如说，我有耐心，值得信赖，有一颗开放的心。

把你的特质变成一种自我肯定。对着镜子重复你对自己的肯定，早晚各一次。这个简单的练习将开启一个新的能量流，一个帮助你专注于丰盈内心的能量流，而不是帮你和外物打交道的能量流。

预留出时间来了解自己。计划每周独自做一项活动——不包括其他人的独自活动。在大自然中，进行让人感到容光焕发的活动——散步、登山或者只是坐下来欣赏风景。每周只需十分钟就能让你有一个转变。为这些充满能量的间歇活动规划时间，让你对做自己感到舒适，并为反思自我、连接自我腾出空间。

○ **思维方式重置练习**

信念的力量 * 沉默是金 * 惊人的改变 * 权限 * 创造充满活力的时刻 * 我是 / 发现

○ **具体实施方案**

坦然拒绝 * 设置健康的边界 * 翻转陈述 * 给你的日历编代码 * 自我评估 * 数数自己的"是"

领头者——众人退后，让她来！

陷阱：无所不能，过度奉献

○ **优点**

领头者往往充满个人魅力。她意志坚强，能以自信、恰到好处的果断和热情指挥满屋子的人。她坚韧不拔，喜欢挑战，并对胜利充满激情。她成就斐然，而且她的成就代表的不仅仅是成就本身，它们表达了她的渴望和自我认定的价值观。她沟通的方式直截了当，同时富有同理心。她有动力，以事业为先，同时她富有同情心，支持团队成员的个人努力。萦绕在她脑海中的想法多为"那不是我的问题"或者"我想到了"。她以积极的态度对待自己的抱负，如果别人对她有消极的看法，她不会将其视为私怨。同时，她对自己的性格很自信，很容易将自己的情绪从冲突中分离出来。许多领头人是独行侠，她们擅长自我激励和设定目标。

○ **缺点**

领头者可能在潜意识里害怕失败或平庸，因而可能会变得过于好胜，甚至有点咄咄逼人、盛气凌人。她不愿相信外部世界，因此需要掌控自己所处的环境。来自父母的长久、过度的鼓励让她的人生很少遭受拒绝或失败。如果她的恐惧没有得到消除，她可能会变得更加爱控制、爱苛责他人，且居高临下。她可能会进行高度自我批评，而一旦被推向自己的恐惧，她可能会表现得冷漠无情。于她而言，表现出脆弱的一面是困难的，因为这样往往会让她感到自己不受保护或不安全。她的过度自信会干扰她的聚会，她经常会错过社交提示——社交提示可以提供与他人联系的机会，扩大她有意义的人际关系圈子。

○ **自我观照**

放松。慢慢允许自己变得脆弱。可以在一些不太重要的事情上尝试一下，让自己不要当决策者。例如：决定去哪里吃午餐，或者是就餐时最后一个选择座位，又或者是让别人发言……这样做，会磨掉自己一些棱角，让别人更容易，也更愿意去了解你。

随大流。做别人的听众，让自己只负责倾听，体验不发表意见、不做决定的感觉。让他人带头，而你在旁喝彩。

问问自己，这重要吗？为什么每次都由自己制订计划或规则。每周放弃一次做计划或当规则制订者的机会，看看感觉如何。当然，要选择一些不那么重要的事情进行练习，观察领导者的反应。这是一种很好的练习，可以帮助你找到一个平衡给予和索取的方法。

给自己一个彻底休息的时间，对自己而言，这会让你对真正重要的事情有一个清晰的认识。选择一周中的某一天，花十到三十分钟不思考，不做事，只是单纯活着：可以不带手机出去散步，或者在办公室、家里安静地待上十分钟。安静之于你，正如食物之于你的身体。要记住：无论是你的大脑还是你的身体，在超负荷的日程安排和咖啡因的作用下都不会有良好的表现。

○ 思维方式重置练习

创造充满活力的时刻 * 权限 * 简单的时空 * 信念的力量 * 激发脆弱性 * 强大的内在力量 * 感恩 * 我是 / 发现

○ 具体实施方案

给你的日历编代码 * 自我评估 * 找准你的座右铭 * 关掉电子设备 * 五分钟 * 驯化时间

·你成功了！·

现在，你了解造成自己超负荷生活方式的关键所在了，也了解了忙碌是如何成为一种文化的——甚至对很多人而言，忙碌成为一种让人上瘾的习惯。你已经知道是什么激发了你的忙碌，哪些陷阱会导致你陷入困境，以及你的超负荷女性类型。剩下要做的就是用专门为超负荷女性设计的解决方案解决问题，帮你永远摆脱忙碌。

解决方案工具箱里有思维方式重置练习和摆脱忙碌的解决方案。接下来，我们将添加日常的"超级解决方案"和"冥想魔法"——所有的这些都将帮助你提高自我意识，同时让你每天都做实际的、有意识的改进。现在，你可以停止奔跑，开始享受慢生活带给你的乐趣。设定自己的步调，并鼓励其他女性也这样做，重拾闲暇时间。同时，不要觉得你做的事情比以前少了，你也就没那么重要了。其实恰恰相反，这会让你的工作和生活的效率提高。而且这是你的生活，你有权决定你将成为谁。

第二章

摆脱忙碌的方案

第一节
摆脱忙碌的要点

既然你已经了解了自己属于哪种类型的超负荷女性，那么现在是时候将你的具体实践和解决方案付诸行动了。"超级解决方案"和"冥想魔法"会从根本上推动你将这些实践和解决方案转化为持久的改变。这两种工具是基础，通过使用它们，你将提高自己的沟通、谈判和协作技能，为自己注入超级色彩！

·超级解决方案·

你心中的女超人即将发现一种新的起飞方式，而"超级解决方案"就是助她起飞的那股力量！这个充满活力的个人转变工具将成为你快速评估情况、继而将注意力转向最佳解决方案的方法。

该方案主要由以下几个步骤组成：

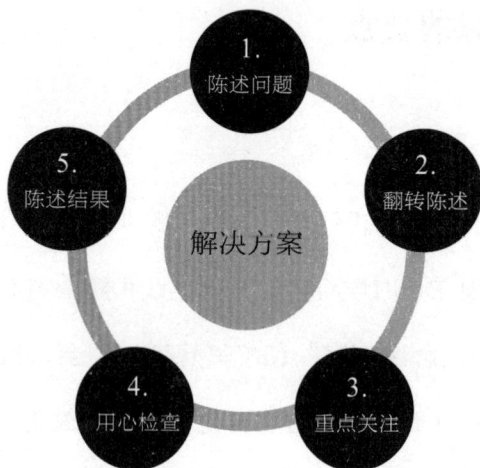

以解决问题为导向的思考方式和自信的沟通是这一过程的核心，其中主要包含三个基本技巧：直接思维、精简想法和感知冥想。这些技巧可以帮助你快速启动以解决问题为导向的思考方式，精简以目标为导向的行动，让你继续前进，做出深思熟虑的决定。下面，让我们来看看使这个过程如此有效的三个技巧：

直接思维。直接思维可以帮助你用语言表达自己的意图，并有意识地引导你的思想来支持行动。这种方法激发了潜意识和有意识思维的力量。有意识思维会比潜意识思维消耗更多的能量，尤其是脑力。只有激活自己的有意识思维，我们才能有意识地控制和改变自己的思想。当我们学习新东西、做决定或解决问题时，我们会使用有意识的思维。

你的大脑保存能量的方法之一就是利用潜意识思维的过程。潜意识思维使我们的许多基本日常活动和习惯自动化。潜意识思维是让我们度过一天的自动驾驶思维，占我们每天思考内容的90%。当我们用有意识思维来引导自己的思维时，我们就能更专注，并做出与我们想要的一致的决定和选择。有意识思维可以培养正确有益的习惯、策略和方法，引导我们的潜意识思维，这样我们就可以有意识地影响自己的思想、情感和习惯，并控制自己的行为和思维。

精简想法。精简想法可以帮你把想法提炼成一种准确的陈述，其中包含你想要的结果的精华。这种方法会删除无关的细节，让你把注意力集中在行动计划上。

感知冥想。当你处于有意识的冥想状态时，感知冥想会激活你的各个感官。你可以把自己的目标及其结果写成一个故事，就像它们已经发生过一样。本质上，这是对你未来的一次彩排。

在深入了解"超级解决方案"之前，让我们先回顾一下自我意识对这个过程来说有多重要。你发掘出越多的自我独特之处，你与这些独特之处的联系就越紧密，你就会越快地转变思维，使其清晰而果断。此时此刻，你所需要的一切都已经在内心准备好了，整装待发，去点燃内在的力量，从而实现渴望已久的转变吧。在任何时候都要知道自己想要什么，都要承认自己才是改变自己生活的力量，这是一种直接思维，它会把解决方案转变成充满活力而积极的生活习惯。

| 我们需要关注的是解决问题，而不是去改变问题。

下面的练习指南将向你展示如何去使用这份"超级解决方案"。在这个过程中，你将逐渐从忙碌中脱离出来，让生活变得更有意义、更加平衡。当你每次这么做的时候，都会感受到一种魔力。希望你能玩得开心！

练习指南

步骤一览：

1. 陈述问题——做一个简短的陈述。

2. 翻转陈述——将问题转化为解决方案。

3. 重点关注 ——把你的意图和注意力放在解决方案上。

4. 用心检查——这一步结合了精神意识与思考、讲述和想象的力量。

5. 陈述结果——这是你对所使用的方案的个人声明。

> **能量思考小提示：**
>
> · 我想改变日常生活的节奏、质量和重点。

> · 我有责任让自己的生活变得不一样。
>
> · 我现在就可以开始一步一步地朝着我想要的目标前进。

陈述问题

探索性问题

用探索性问题来帮助你揭示陈述之下的东西——根源——以便你可以接着去寻找解决方案，并做出改变。

1. 你从这个常见的问题中认识到了什么？

2. 在一年里，这个问题对你来说意味着什么？

3. 在一年里，这个问题会如何影响你的幸福感？

4. 你现在不想再让这个问题困扰你了吗？

举例

问题陈述："我没有时间锻炼，因为工作占用了我所有的时间。"

1. 你从这个常见的问题中认识到了什么？

我真的很擅长我所做的事情，熬夜是保持领先地位和提供工作保障的必要条件。

2. 在一年里，这个问题对你来说意味着什么？

从好的方面来说，我已经展示出了良好的职业道德，并且已经取得了成功；从坏的一面来说，我没有花很多时间和家人在一起，体重增加，也因为没有做出我应该或能够做出的调整而感到难过。

3. 在一年里，这个问题会如何影响你的幸福感？

我可能仍然会感到沮丧和失望，因为我真的想更有精力，以及花更多的时间和家人在一起。

4. 你现在不想再让这个问题困扰你了吗？

是的！

你越是关注这个问题，它就会占据你越多的能量和空间。下一步是进入翻转陈述的步骤，提出解决方案，并将你的精力引向你想要的结果，避免你因为问题过度分心。

| **精力流向注意力关注的地方。**

——**胡纳法则**

翻转陈述

翻转陈述只需要简单的几个词语，就能将你想要的理想结果，即你的使命宣言表达出来——言简意赅，便于记忆。

探索性问题

1. 你想通过这个改变得到哪些你现在没有的东西？

2. 这会为你带来哪些变化？变化的迹象是什么？

3. 问题陈述，找到解决方案。

4. 把你的解决方案陈述缩减成几个词语或一句话。

5. 你最终得到的翻转陈述是什么？

举例

1. 你想通过这个改变得到哪些你现在没有的东西？

当我锻炼的时候，我会有更多的能量，更好的自我感觉，也会减掉几磅重量。

2. 这会为你带来哪些变化？变化的迹象是什么？

很多方面都会改变，我会更有耐心，因为锻炼有助于减轻我的压力和焦虑；我的衣服会更合身；我会有更多的精力去做能带给我快乐的事情。

3.问题陈述：我没有时间锻炼，因为工作占用了我所有的时间。

4.解决方案陈述：（1）我会按时下班，因为要给自己留出锻炼的时间；（2）我每天会抽出三十到四十五分钟来锻炼；（3）我今天下午会从五点开始锻炼，锻炼三十分钟。

5.简化后的翻转陈述：我今天下午会从五点开始锻炼，锻炼三十分钟。

| 你是自己生命的守门员。

你负责设定限制、期望和无限的可能性。

重点关注

现在，你已经做出了一个清晰的翻转陈述，下一步是将自己的意图和注意力集中在解决方案上，使该陈述变得清晰。

陈述你的意图会让解决方案更真实。这种陈述会激活你的听觉，使你的想法与目标一致。它会激发你的潜意识思维，帮助你做出朝着目标前进的选择。

集中注意力将帮助你从破坏你实现目标的干扰中解脱出来。分心是一种轻浮和诱人的行为，因为我们都会极力逃避自己害怕或不确定的事情，所以这种行为通常是下意识产生的。专注改变，这样你就会集中注意力去关注你需要和渴望什么，而不是你想逃避什么。你可以牢记一句座右铭，它能帮助你回到自己想要的心境中去，一直重复它，直到你的注意力再次集中。我首选的座右铭是"尊重你的思想"。通过使用"尊重"这个词，我把注意力放在了我的思想所代表的不可估量的价值上。

方案

1. 翻转陈述：_____

2. 我的意图（说出自己努力的目标）：_____

_____

3. 我的关注点（从积极的角度陈述）：_____

这与你的目标有何联系（回答要具体）？你专注于
做什么和思考什么以让自己朝着目标前进？

_____

4. 我期待的结果是：_____

| 用直接思考的手段来加强你的直接思维。

用心检查

这一步将你的直接思维与感知冥想相结合，将专注的
决策过程与富有想象力的正念叙事相结合，并捕捉你专注
的思想和行动的本质。这会让你的五种感官参与到这个有
趣而生动的冥想中，让细节像电影脚本一样鲜活生动。

沉思：三分钟感知

首先把自己放在理想的结果中，就好像你在
现实生活中经历过它一样。按照下面的方法，一

步一步来实现它。

设置场景

温度：暖、冷、微风、多雨、阳光明媚

照明：阳光、月光、日光、夜间、自然、人工

声音：环境、自然、动物、人、音乐

口感：味道、质感

气味：自然、香水、食物、人、环境

场景表演

使用你在上一步骤中形成的方案，将你的场景用想象的方式展现出来。自己感受自己的情绪和感觉，并停留在那种感觉良好的状态中。做一个结束语。例如："我此刻正专注于自己理想的结果／目标背后的意图。"这是另一个让你保持目标清醒的方法，尤其是让你分心的东西企图把你拉开的时候，你要经常地、勇敢地重复这个方法。

邀请源头

有意识地邀请你的信仰或精神连接的力量来

参与你有目的的意图，并把注意力集中在解决方案上：我现在邀请我周围的能量来参与我渴望的解决方案／目标／结果，我相信宇宙／源头的力量将指引我走向我想要去的方向……

> | 在意想不到的地方，我们可能会发现意想不到的机会，使自己变得更加完整。

结果陈述

你已经走到这一步了！这一步是奇迹发生的地方。你思想的演变，目标和注意力的集中，以及你的正念意识正在融合。融合之后，你的"超级解决方案"将在日常生活中大放光彩。回答下面的复习题，它们会帮你构建最适合自己的"结果陈述"。

探索性问题

1. 这个结果会给我带来什么？

2. 我怎样感知它的出现？

3. 对我而言的理想结果是什么?

4. 把你的答案缩减成几个词语或者一句话来陈述理想结果。

举例

1. 这个结果会给我带来什么?

每天早上花点时间冥想会让我感觉更平静，更有能力应对压力，也会给我提供自我补给的时间。

2. 我怎样感知它的出现?

当我感到一丝平静和希望的时候，我就会知道我拥有了它。通过给自己更多的时间来反思自己真正想要的，关注真正解决问题的方案。不恐惧、不担忧，我会感觉我把自己照顾得更好了。

3. 对我而言的理想结果是什么(从积极的角度陈述)?

我会对我所需要和渴望的东西保持警惕并怀揣希望，且有信心得到它们。我的积极性会增加，我会变得更活泼，我与自己所爱的人的情感会得到改善。

4. 精简想法: 冥想会在一段时间内让我专注于生活

的积极方面。我有信心得到我所需要和渴望的, 也有信心与我的配偶和孩子建立牢固的爱的联系。

5. 结果陈述: 冥想强调的是我生活中充满爱的、积极的联系。

现在, 你明确知道自己想要什么了。你已经觉醒并融合了你的精神和肉体的力量, 这会为你带来最理想的结果。让你自己的注意力集中在这五个步骤上, 而不仅仅是在结果上, 我相信这个过程会自由地展开。如果结果和你预想的不一样, 那就接受现实吧。

让你的"超级解决方案"强大有效

要让上面的五步过程发挥作用, 你必须付诸实践。在实践的过程中, 请你记住以下几点:

· 一次只做一个改变——努力让这个改变有意义, 而不是追求立竿见影的效果。

· 在较小的情境或挑战中, 通过练习这五步来建立你的信心和能力。

· 把注意力集中在大局上，不要拘泥于细节。

· 当你对自己的方向感到不舒服或不确定时，回过头来，用"超级解决方案"来消除阻碍你的因素。

· 经常练习这些方法，熟能生好，并非生巧。

· 脆弱是成长的一部分。勇敢点，勇敢点，加油！

直接思维工具

· 每天至少重复五次自己的目标。

· 写下你的目标，并把它放在一个每天都很容易看到的地方。

· 坚持你的目标。

· 注意有效的小细节，然后重复有效的部分。

· 远离那些让你分心的谈话。

· 与那些和你有相似目标的人一起参加活动。

· 注意你的想法，确保它们在你的掌控之中。

· 思想可能是有益的，也可能是一种阻碍——你才是最终做选择的人。

·你的心灵是一个神圣的地方，请尊重那个地方的思想。

通过练习和实施"超级解决方案"，你已经用实际的方法开拓了自己的思维，并利用个人特质和充沛的正念能量知道了自己需要什么，以及如何得到你想要的东西。

·冥想魔法·

冥想既关乎行动也关乎心灵，在我看来，它更是一种"魔法"。在你摆脱忙碌、为你想要的东西寻找新空间的过程中，冥想是最重要的工具之一。这个简单有效的方法就像你的脑袋里突然有了一个助手，可以帮助你清理"思维书桌"，让你更专注地进行有意识的选择。当你有意识地陈述一天的期望时，你会体验到一种更好的存在状态。这是一种快速编辑法，帮助你修改、重新计算或计划以达到你能想象的最好状态。

冥想可以改善身体的许多功能，如降低血压，刺激负责情绪和行为的大脑区域（前额皮层）。冥想也是一个丰富思想的源头，能连接精神与灵魂。简单来说，灵魂是所有生命的起源，是人类的心脏，是我们作为一个整体的永恒和无形的联系。灵魂是不朽的、无边际的，是生命的意识，就像我们每个人作为个体所经历的一样。灵魂从精神中升起，灵魂与自我是一体的，精神是所有人拥有的一种意识。即使我们没有意识到，灵魂与精神也都存在于我们所做的一切之中。

思想是我们可以管理和改变的唯一一种意识体现。通过冥想来谨慎地管理思想，可以消除忧虑和焦虑，改善睡眠，提高注意力和自我意识，增强免疫力，帮助我们减少压力带来的整体影响。冥想有很多种类型，它们都能帮助你理清思绪。利用有节奏的呼吸，冥想魔法可以有意识地激活你的思想，并将它们导向一个特定的目标。这是一种简单的方法，但具有持久的效果。不要把自己限制在三分钟之内！运用这种方法管理思想对人十分有益，它能令人愉快，并具有深远的力量，你甚至会想要延长自己冥想的时间。你可以先从冥想三分钟开始，然后根据需要逐渐加时。

三分钟冥想魔法——平静而清晰的冥想

1.找一个舒适、安全、安静的地方。

2.坐正，保持肃静，双脚平放在地板上，手臂和手掌放松地放在身体两侧。

3.深呼吸五次：用鼻子吸气，用嘴呼气，然后呼吸放松，找到它的自然节奏。

4.想象你在每次呼气时都会释放紧张的情绪，每次吸气时都会吸入正能量。

5.为你的冥想设定意图：我要求 _____
_____。

例如：我要求冥想的地点在一个清净而神圣的地方，这样可以远离干扰。

6.深呼吸五次。

7.接下来，想象有一道清晰、温暖、金色的光飘浮在你头顶上方，每一次吸气都会把金色的光带入你的身体——从头顶开始。当这道光充满你的身体，你将感觉到自己的肌肉、思想和身体开始放松。继续想象这道光，它轻轻地、平稳地向下移动，穿过你的身体，直达你的脚底。你能做多慢就做多慢。当光穿过你的脚底时，你会感觉到你与地球母亲重新连接上了。当你的意识能量穿过脚底与地球能量连接得更深时，你可能会有一种既刺痛又温暖的感觉。

8.设定一天的目标：今天，我选择专注于＿＿＿＿＿＿。我意识到＿＿＿＿＿＿。今天，我选择给＿＿＿＿＿＿。今天，我选择接收＿＿＿＿＿＿。

9.感谢你的信仰之源。用你的信心之源来创造每一天。

这是一种快速有效的练习方法，而且很有趣！请期待并相信你的付出与收获会成为你有意义的一天的一部分。

　　"超级解决方案"和"冥想魔法"可以并称为动力组合，这两者让你能够与任何人或在任何情况下进行突破性沟通，并帮助你形成强大的促进你恢复元气的思维方法。利用这两者能改进你的谈判技巧，减少工作中的额外干扰，让你专注于摆脱忙碌。这两个技巧非常有效，且易于学习和实践，能够帮助你不断地成长。下一节中的正念练习将以这些方法和技巧为基础，将你的抱负转化为长期的成就。

第二节
思维方式重置练习

本节的目的是揭示正确的思维方式给予人的强大力量以及运用它的方法——以便你能继续为有意识的决策和改变创造坚实的基础。这些是我在上一章第五节中给每个类型的超负荷女性列过的练习建议。使用适合你所属类型的练习方法，或者你也可以自行探索练习方法。这些扎根在现实生活中的练习会让你逐渐告别忙碌，提高每天的生活质量。

正确的思维方式能够激励、指导和支持你的决定，从而助你成功地实现目标。在这个过程中，信念扮演着十分重要的角色，它影响着你的想法和行为。当你的思维方式与信念和谐一致时，你的行为也会与两者和谐一致。

　　把你的思维方式想象成剧本，把你的行为想象成电影。你得在电影开拍之前写好剧本。你的剧本必须讲述一个合理的故事，并遵循故事展开的逻辑。如果在演员排练之前摄像机就开始运转，那将会一团糟，并且需要花更多的时间来恢复正常。重置思维方式是去预演自己想做的事情，它能让你的思维提前对此事有所了解，并帮你做好随时行动的准备。本节的练习将帮助你剔除那些不支持你的剧本、可有可无的想法和心理习惯；这些练习会打开你的思维，让你用正确的思维方式去迎接惊人的改变。

·正念练习·

　　这些练习将帮助你打开经常阻碍你发现新的解决方案的机械思维。正念是训练你的大脑去消灭机械想法的最好方法之一，通过正念练习，你能有意识地将这些想法导向解决方法。下面的实践将极大地简化这一过程，你会提炼出一种新的、有力量的思维方式。当你继续扩展这些技能时，你的转变将给你的思想、身体和精神注入新的生命。不要再浪费时间去做没有思想力量的事情了。

信念的力量

我们的信念来自过去的经历，并且极大程度地取决于我们的个人现状以及我们对世界的理解。信念是我们持有的真实观点，信念形成了我们的价值观，成为我们生活的标准，而价值观和标准会影响我们的行为和态度。态度是我们表达信念和价值观的方式，了解哪些信念和价值观会影响你的思维，可以帮助你做出清晰而审慎的决定，且省时省力。

如果你觉得你的信念在拖自己的后腿，对它们进行一番更新会让你知道哪些信念是你所需要的，哪些是你可抛弃的。下面的问题将帮助你做出改变，反映出你最看重的，并与真实的你最相契合的信念。

练习

1. 你的哪些信念对你有用？

2. 你的哪些信念不再适用于你？

3. 你认为你的哪些价值观最重要？

4. 在过去的一到五年里，你的信念发生了怎样的变化？

5. 这种转变有用吗？是否阻碍你实现目标？

6. 你的哪些价值观支持你的信念？

7. 这些信念和价值观是你最常用来支持你的目标的吗？

转变信念：母亲应该是主要的照料人 / 父亲和母亲是同样重要的照料人；生命只有一次 / 轮回存在；每个人都有自己的生活 / 我们紧密共生。

信念：宇宙是存在的；奇迹是真实的；我对自己的感觉负责；直觉永远是正确的；我应当快乐；我相信吸引力定律；税收太高；精神治愈很有用。

核心价值观：诚实、教育、欣赏、道德、毅力、尊重、忠诚、喜欢、热情。

现在，经过上面的练习相信你已经区分出哪些顶级信念能帮助你达到目标。这些都是你的能量信念，它们悄无声息地、持续地为你的决策贡献自己的力量。练习"三分钟冥想魔法"会让你的能量信念更有效。它会为你提供空间，加强你的正念连接，使你的能量信念变得更加强大，更充满活力。时常检验自己的信念，不要只是出于熟悉和舒适去做事，可以让你保持豁达和同理心，接受自己和他人的需求。当你的信念代表真实、真诚的自我时，你就更容易做出决定，也会更有信心做决定，因为你知道自己才是自己每一步选择背后的人。

感恩

感恩意味着留意你周围发生的好事。有一些好比其他的好更明显，如爱人的美好、美味的食物或美丽的日落。当生活遭遇暴风雨时，心存感恩是非常困难的，在困难时期，我们的感恩之情会经受最严峻的考验。当我们把注意力集中于感恩的力量时，就会更容易在那些苦难的日子里看到光明。

把感恩当作一种练习而不是一种心态，也许能帮助你将它作为一种有效保持个人健康的工具。练习感恩可以提高快乐指数，降低血压，增强免疫系统，帮助你获得宁静的睡眠，减少焦虑和抑郁，使你变得更加坚韧。想想你会节省多少时间，你会感到多大程度的活力改善，而这一切只要花一点时间来感恩就可以做到。

当我们拥有感恩的心态时，我们的生理机能就会发生变化，刺激感觉良好的荷尔蒙产生，提升我们的精神状态。当别人感到被支持、被注意、被重视时，他们会变得积极起来。感恩是会传染的，向人传播感恩的思想，与人分享感恩的事，这将大大提高你一天的质量。

练习

你可以随时随地做这个快速练习。它可以短至一分钟，也可以长至一小时以上。当你完成的时候，你会感到轻松，精神焕发，并且充满感恩。你会更容易察觉到身边的美好。

1. 找一个安静舒适的地方坐下。

2. 闭上眼睛，做十次深呼吸。

3. 想象你正站在一片开满各种颜色野花的旷野上。花点时间看看它们在微风中飘动的样子。

4. 邀请你所爱的人进入这片美丽的花海。让他们充满爱意的脸庞包围着你。

5. 花点时间去看看他们每个人，然后一个接一个地告诉他们，他们给了你无形的礼物，如理解、善意，以及一段充满爱的伙伴关系。

6. 当你完成时，告诉每一个人你爱他们。

用你生活中具体有形的东西来重复这个感恩练习。例如：你的家和家给你的慰藉感，你的车和它给你的生活带来的便利，厨房和浴室的水龙头中流动的水，为你撑出一片树荫的树，窗外叽喳的鸟儿……无论发生什么事，我们都要抱有感恩之心。当你保持这种积极向上的态度时，每天都会从中受益。

　　每天练习感恩。在新的一天开始和结束的时候，用一分钟的时间来感恩。你会感激这种正念练习，它会让你转变态度，让你重新聚焦在你的目标上。当我们不再专注于那些我们没有的东西，而是花几分钟感恩生活中拥有的东西时，我们的身心都会感到愉悦，烦恼和沮丧也会减少。记住这一点，要经常练习感恩，感恩永远都不嫌多。

惊人的改变

　　是什么让你成为无可替代的你？在我看来是你的天性以及你与生俱来的天赋。人的技能是随着时间的推移积累起来的，而天性则是由内部控制的，并通过激情和使命感传达给外部。有意识地利用天性和天赋的独特力量，可以在比你想象的更少的时间和更少的努力下创造惊人的改变。

　　特质就像是一位挚友，它们总是在那里，愿意站出来推动你前进。你接近它们的次数越多，在你掌握新的和不熟悉的经验时，恐惧就会越少。

发现自己内在的天赋将帮助你有意识地获得自我特质，这样你就可以在任何情况下都能积极地运用它们。这是一种有意识的、不用忙碌就能找到最佳解决方案的方法。

练习

1. 回顾。尽可能地回想，什么时刻或记忆让你充满快乐和喜悦？你的哪些特质帮助你形成了这些记忆？在你的记忆中经常起到穿针引线作用的是什么特质？例如：我善于沟通、独立、真诚、诚实、洞察力强、值得信赖……

2. 时间的浪费。列出那些让你浪费时间的活动或项目，包括工作的和私人的。这是你不断前进的地方，也是你的激情与目标和谐存在并蓬勃发展的地方。

3. "爱—飞跃—生活"清单。你的这个清单记录了你将要去的地方、将会遇见的人、志于取得的成就，以及渴望得到的经验和感受。

·爱：你爱的三个人是谁？你想要体验的三个地方或事物是什么？

·飞跃：你想要通过信念的飞跃来完成哪三件事？

·生活：你想给自己的生活质量带来哪三种无形中的提升？花几分钟时间，弄清楚你将使用哪些天赋让你的"爱—飞跃—生活"清单变为现实。

·你的"爱—飞跃—生活"清单里哪些东西与你在"回顾"和"时间的浪费"这两部分的问题相匹配？这些东西对你而言可能是最强大、最有用和与生俱来的特质。

让这些特质为你所用，让自己的生活充满爱，让自己有更多的勇气实现信念的飞跃，让你的激情和目标更加充满活力。当你的注意力完全集中在这些事上时，忙碌就不会把你勾引走。

简单的时空

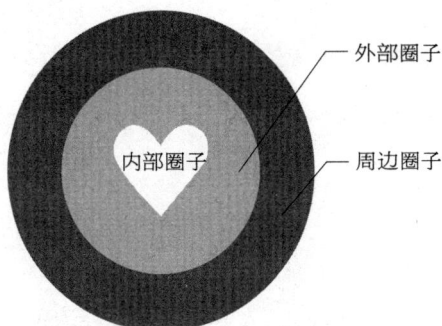

简单的时空

整洁有序的生活和风水的积极作用不仅能增加实体空间，还能改善我们的心理和情感健康。当我们的感官受到克制时，大脑就会被杂七杂八的事情搞得一团糟。我们需要空间，让创造力、灵感和良好的直觉有出现的机会；我们也需要时间，让这三者成长起来。

为了让生活变得简单，你需要去编辑生活。清理掉周围的物品，打开精神空间，让周围的空气循环起来，将淤积的负能量清除掉，吸引来能让你充满活力的积极情绪。这个练习能够让你的生活更加轻松和透明。

简单的时空最初是由一系列自我调整、清理与吸纳组成的。这些行为会逐渐转变为一种能让你平静下来的习惯。

有意识地把你与人、地点的关系放在优先考虑的位置，能够帮助你进一步拥有自己的时间，并管理好自己的生活质量。

练习

1. 人。弄清楚自己人际圈的价值和质量，以此来选择如何度过每一天。人际圈可以分为三种类型：

· 你的内部圈子是你信任的知己、朋友和家人。他们最值得你花费时间与之相处。他们尊重、接受并希望跟你保持健康的边界。与他们的关系是你最初的情感关系。

· 你的外部圈子是你偶尔见到的朋友和同事。

· 你的周边圈子包括偶然认识的人和在特殊场合见到的人。这个群体包括许多你不太了解的人。

请高质量地陪伴你的内部圈子。协调一下你给每个圈子分配的时间和陪伴，用心地给每个圈子做出最合适的投入。

2.地点。选择你要去的地方，并说明你为什么要去那里。问问自己以下这些问题：

·去那里对我的整体安排而言很重要吗？

·我有必要去吗？

·当我决定去那里的时候，我感觉如何？

·我想去吗？

不是每个人都值得你花费同样多的时间，也不是每项活动或每个地点都需要你出现。 对这些方面进行评估可以甄别出它们的重要性，帮你决定选择在哪里和跟谁一起度过时光。

| 培养、分享自己的言语，
不在于声音有多大或说的有多少。

沉默是金

沉默使许多人不安。我们通常习惯于快节奏、拥挤和刺激的世界。而沉默更私人化，会突出人的脆弱感。想象一下，当你坐在一个刚刚遇到的人对面，突然对话停止了，两人安静了下来。此时，大多数人都会笨嘴拙舌地继续说话，让对话进行下去。也有人会制造一些分神的机会，如为自己找借口离开餐桌。人们对沉默的接受程度，不如对倾诉、侃侃而谈、合群或具有语言魅力的接受程度。我们倾向于贬低沉默，认为沉默不那么重要，认为沉默不是成为强者应该采取的方式。

然而，沉默是一个强大的工具，是成为一个积极的倾听者的关键。沉默是一种天生的技能，尽管它随时都有可能实现，但很少有人花时间去获取这项技能。沉默能建立你的自信，让你成为一个安静的人、一个旁观者，而不是别人的擦鞋布和垃圾桶。当我们扮演观察者的角色时，我们就会脱离那些容易引诱我们做出应激反应而不是深思熟虑行为的情绪。当我们没有情感投资的时候，我们可以放开限制自我的想法和行为，变得客观而富有同理心。当你使用沉默的力量时，你可以很容易地维持情绪的稳定。沉默能让你专注思考，而这种思考能让你在不受干扰、不觉困惑的情况下达到自己想要的目标。

练习

1. 意识练习。保持安静，认真倾听。

·通过沉默，打开你的意识，去冥想、安静地呼吸、沉思或者积极去倾听。所有这些练习对于改变、成长、职业发展、个人亲密关系和解决问题都有巨大的力量。积极倾听可能是其中最有待开发的技巧。想要积极地倾听，你必须控制自己的思想，有意识地引导它们保持安静。这意味着在谈话中，你只能单纯地倾听对方所说的话，不能评判其谈话内容，也不能为自己辩护或做出回应。在对话中站在旁观者的立场能帮助你更好地保持倾听的模式，远离评判和自我辩解。要保持主动倾听的状态，请记住以下问题：（1）我在评判吗？（2）我准备好回应了吗？（3）我能重复一下我的谈话对象说的最后三个句子吗？

·前两个问题的答案应该是否定的，第三个问题的答案应该是肯定的。这就是你积极倾听的方式。如果你的注意力偏移了，重复这句简短的话能够帮助你重回正轨："我是一个倾听者。这些声音对我而言不过是文字。"

·当你遇到两个陌生人在交流时，他们两人侃侃而谈，而你只能看着。

2. 活在当下，驾驭失控的想法。

·活在当下能让你去积极倾听，让你的思想停留在此时此刻，而不是过去或未来。如果你听到自己在说"上次""再次""以前"和"总是"这样的词，那可能是你在进行神游的信号。积极倾听的过程会让你的大脑平静下来，激发你解决问题的能力，激起你的同理心和同情心，以及发现解决方法的能力。这将大大减轻你的压力和焦虑。如果你只是在倾听，你怎么会感到有压力呢？

·花一分钟把你的意图设定在一次谈话或相遇之前，这会大大提高你保持积极倾听状态的能力。如果这是你和一个内部圈子里的人的对话，那么要把你们的意图放在一起。这样做既能增进感情，也能让你在交流的过程中不掉线。

·从你的感觉中脱离出来，去接受别人的言语。这样做并不意味着她是对的或错的，只是意味着你在积极地从对方的言语中听出她的一个观点、一条讯息或一些情感。这样你才能活在当下。你的情绪是你自己的，而不是别人言行的产物。

3. 退后一步，进行观察。

·当你的思绪在时间之外遨游，堆积起一大堆过去和未来时，你的思维和注意力就在别处了。为了让自己停留在当下，专注于呼吸吧。你不需要说话或者回应别人，也不需要通过让别人听你说话来增强自己的存在感——沉默本身即是行动。当你是观察者时，沉默是一种体验，你可以更开放地倾听。你可以成为一个真正记得别人说过或做过什么的人，因为你没有让自己囿于自我意识。当你把情绪从互动中移开，让体内沉默的观察者出现时，你会发现别人经常忽略的细节。

4. 放手并前进。

·当你不对某个情形的结果进行期待时，你也就放开了对它的情感依恋。这是保持客观、有意识的情感的关键。它让你以观察者的身份接受体验，而不因情感投入影响自己的行为。开车就是一个很好的、可以说明人们是如何让环境支配自己的情绪的例子。在交通堵塞的时候，一个人可能会很高兴，因为这让他有机会听电台广播；而另一个人可能会沮丧得暴跳如雷。两个人都经历着同样的情况，但他们的反应却截然不同。日常中总会有这样的情况，我们的情感主导着我们的经历。所以现在暂停一下，花点时间来评估情绪和结果之间的联系，这可能会给我们提供一个机会来改变我们的情绪，使它们更符合我们真正想要的。

·放手并不代表放弃，它意味着将你的意识、存在和观察留在此时此地。我们所有人都能有意识地调节自己的思想、感受和反应。当你静下心来思考时，你就能更自信地放手，并相信生活的过程包括那些意想不到的方面。你会意识到沉默的力量有多大，培养、分享自己的言语，不在于声音有多大或说的有多少。

强大的内在力量

　　想象力是你与生俱来的去创造、去发散性地看待世界的能力。当与有意识的意图结合时，想象力就变成了一种强大的日常工具，你可以用它来把思想变为行动，开发各种创新的可能性。

　　想象发生在大脑中由神经元网络激活的广阔的精神空间里，艺术家需要不断地运用他们的想象力，发明家、白日梦者和问题解决者也是如此。然而，当我们花时间思考自己不想要什么而不是自己想要什么的时候，想象力就开始失控了。当我们担心"如果"和"可能"时，大脑就会被过多的思想杂念所干扰和拖累。我们想着某人做了什么、说了什么、可能发生什么以及确实发生了什么的时候，时间已经从我们身边飞逝而过，耗尽我们储备的精神能量。难怪我们会累，因为我们没有任何剩余的能量来点燃自己的想象力了，也没有多余的能量来使用自己身体里的丰富精神资源了。激发想象力会给你一种轻松和自信的感觉，并帮助你重新集中注意力。这

些都是转变无效思维方式的关键。当你允许你的意识朝那些欲望移动时，转变无效的思维方式将会轻轻地、有意识地吸引这些欲望。对一些人来说，运用想象力是第二天性。小时候，大人经常鼓励我们使用想象力。但随着年龄的增长，假装去相信什么和想象力游戏不仅常常被压制，更被人们视为是轻浮的行为。想象力带来创造性，带来无限可能性。这是它自然内含的，而我们已经失去了这些自然的东西。如果你缺乏练习，或者你不相信激发自己的想象力真的有作用，那么我要求你试一试，没有其他原因，只是把你的思想转向一些在此刻能让你恢复精力的愉快的事情上。你的想象力是实现改变的有力工具。想想那些来自想象的令人惊奇的、创新的、改变生活的想法和发明吧。没有它们，就不会有迪士尼乐园、电脑或飞机。

练习

不管你在哪儿，你都可以花三分钟到半个小时做这个练习，这将帮助你点燃你的想象力。

1.利用下面的提纲，用一个清晰的句子陈述你想要的结果、目标或成就：

·我将 _____（期望的结果、目标、成就）在下一个 _____（设置完成预期结果的截止时间）。

·当我完成 _____（避免使用像"不错"或"可以"这样的词，要具体）后，我会感到 _____。

·我知道我已经达到了我的目标，因为 _____（陈述一下和未完成时有什么不同）。

·复习你的答案，现在加上一些细节：日期、时间、数字和地点。想象一下，你正在和一个不认识的人分享你的"故事"；加入细节和情感，清晰地讲述故事，会加深你与目标的联系。

2.找一个舒适的姿势坐下或躺下，放松身体。

3.用鼻子深吸三次，用嘴呼气。

4.设定意图：我想和所有让我分心的、与我的预想结果／目标不一致的想法断开连接。我想专注于自己想要的结果。

5. 开始在脑海中执行你的目标。仔细检查每一步、每一个动作，在脑海中画出一幅图画，尽可能多地讲述你的故事细节：你穿的是什么，谁在那里，你周围的温度，周围是安静还是嘈杂，以及你的感受。让你的思想慢慢地走过每一步，享受这个过程，就像你真的活在这一刻一样——因为在现实中你就是这样。

6. 回看你的陈述。你错过什么了吗？你想补充什么细节吗？尽可能多地激发自我——这样做是有成效的，而且是免费的。

使用这个练习会带来意想不到的、在忙碌的生活中被忽视的机会。当你有意识地将想象力作为一种积极的转变工具时，它绝不会让你失望。想象力为我们提供了一块无边无际的画布，我们可以在上面设计自己的生活。所以，拿出画笔，点燃你的想象力，让你的笔触宽广而大胆吧！

| 如果你想等待完美降临，那么你得等很久很久。

权限

　　给自己权限是什么意思？也许它意味着给自己留出足够的时间来思考你想在事业或感情上采取的下一步行动，也可能意味着你要去实现一个梦想中的假期，或者参加一个你一直都很感兴趣的课程。不论如何，去做任何事情的权限都是从你自己开始的，而不是从等待别人吩咐你去做开始的。

　　无论你觉得是什么在阻止你给自己权限，可以确定的是，其中一定会有恐惧情绪。

　　恐惧是一种基本的情绪，它有一个用途，那就是激活我们"战或逃"的反应，这样我们就能在面对感知到的威胁时快速行动。恐惧是有目的的，但不是永久的。当我们不承认恐惧的来源，出于对其模糊的印象而让它控制我们时，恐惧就会变得大而抽象。当你显露出很小的恐惧时，你就可以用它来激励自己，而不是阻碍自己。你想要的一切都在恐惧的另一面。一旦你克服了恐惧，新的可能就会浮出水面。时机无须完美，只要合适即可。

如果你想要等待完美现身，那么你可能会浪费大量的时间。释放恐惧可以像承认它、跟它道别一样简单。

练习

在这个练习中，可以允许自己先释放恐惧，然后再去追求自己想要的东西。首先，陈述一下你感觉是什么在阻碍你前进，然后使用以下四个步骤来打破这种阻碍。如果需要，可以多次进行这个练习，每一次都能让你感到更轻松、更自由。

完成这个句子：

我没有做 _____，

因为我觉得 _____。

确定→你好→再见→决心

1. 确定恐惧。暴露出恐惧会让你有足够的信心去克服它。

我担心的是 _____。

2. 说"你好"。承认你的恐惧，对你的恐惧说"你好"。你可能会觉得很愚蠢；事实上，这种愚蠢的感觉将有助于减少恐惧带给你的负面影响。接受恐惧，并相信你完全有能力克服恐惧。但是，你必须先打个招呼，然后才能说再见。

你好，_____。我选择穿越恐惧，超越恐惧，去发现另一边的机会和可能性。

3. 向恐惧说再见。当你的恐惧公开化时，和它说再见会更容易。尽管你可能对道别感到不安，但还是要这样做。我相信你已经迈出了为无畏的情感创造空间的第一步。

我选择向这种恐惧说再见，为我生活中的_____腾出更多的空间。再见，_____！

4. 给予权限。既然你已经告别了恐惧，现在是时候给自己一个勇敢地去追求你想要之物的权限了。告别了恐惧，或者当恐惧至少是公开的，而不是抽象地浮现在你的脑海中时，你就可以克服它。

我允许自己_____！

每天花一分钟重复一遍这个权限，以此确认它的存在。把你的想法和口头重复协调起来，能产生一股能量流，不断把你推向正确的方向。为了进一步强化这一过程，你可以在镜子前练习，加上手臂的动作来消除恐惧，然后与恐惧挥手告别。把恐惧带到阳光下，暴露它，然后释放它。

注意：这个技巧并不是针对憎恶、害怕或极端心理恐惧的解决方案，这些问题需要在医疗顾问的指导下进行解决。

| 太多的人不是活在梦想中，而是活在恐惧中。

——莱斯·布朗

激发脆弱感

拥抱你的脆弱感会打开新的机遇之门。脆弱意味着接受预期的风险而不是危机四伏的风险，脆弱也意味着抓住机会。脆弱激励我们去面对不确定性，激励我们去相信有意义的目标会实现。

展现自己的脆弱会给他人带来榜样作用。在一段感情中，展现出脆弱、分享自己的脆弱会促使双方的关系变得更加亲密。这是一个重要的举动，它会给你带来丰厚的回报——也许第一次没有回报，但长此以往，肯定会有意料之外的回报。

如果你只做自己熟悉的事情，就没有空间去探索和成长。你会一遍又一遍地重复旧的处事模式，经过曲折的道路，最终仍走到老地方。不知道答案没有关系，事实上，不知道答案甚至更好——不知道答案就意味着你处在一个充满可能性的区域，在那里可以尽情挖掘新的解决方案并开拓你的创造力。

这个练习让你以一种有意识的方式接近你的弱点。"做减法"能让你放下确定性去适应不熟悉的事物。当你不熟悉的事物出现时（它会出现的），你就有信心去处理好它。享受这个练习吧——它不仅无害，而且很简单！

练习

1. 给你的一天做减法。日程安排和计划给了我们一个日常运作的框架——毕竟，我们有很多事情要做。如果你在自己的日程表上只选择一个项目，然后不去完成，会发生什么？试着不去了解这一天将会发生什么，给自己一点不适感。不去了解，是做减法的基础；各种可能性会在未知中出现，有意识思维也会在未知中被点燃。你的感官会感受到这些可能性，让你更有创造力，头脑更清晰。我总是对眼前发生的事情——那些我不知道自己需要或会喜欢的事情、那些我甚至不知道为我而存在的机会——而感到惊讶。当我们接受未知的不确定性，并等待它的出现时，一切就皆有可能。

2. 不认识的人。你有想见的人吗？扩大你的朋友圈，邀请一个新朋友共进午餐。邀请一位同事下班后一起去喝一杯。可能发生的最糟糕的事情是什么？他会说不？没关系。重要的是你褪去了一层保护膜，给了自己成长空间。

3. 不勾选项框。列举三件你每天不用思考就会去做的事情——那种即便你不去做，你的生活也不会受到太大影响的事情。例如，整理床铺，在社交媒体上发布新内容，网上购物，阅读垃圾邮件，穿衣服（就像穿着睡衣一样），做一个和事佬、激励者或者发起人——所有这些例子都指向你的舒适区。这些日常的"勾选框"任务和行为会给我们灌输一种秩序感。今天，我们将选择其中一个取消勾选。

创造充满活力的时刻

生活会抛给我们很多东西，如果我们没有准备好如何处理它，而是让反应去主导决定，我们很可能会回到一些老习惯中去。

每天都有刺激和干扰，我们挣扎着活在当下也就不足为奇了。

"活在当下"就是尽可能地从情感上和肉体上活在当下。它能让你有意识地注意到你周围的一切，把一切听到的东西当成是第一次听到，并运用有意识的能量来帮助你这样做。

活在当下，创造充满活力的时刻有很多好处。食物味道会更好，因为我们的感官增强了；身体的疼痛通过有意识地专注于呼吸、专注于身体而减轻了。当我们的思想集中在当下时，我们更容易找到解决办法，我们大脑中负责学习和管理情绪的灰质区域会变得更活跃。这种身心练习对我们的免疫系统也有积极的影响，能减少慢性压力症状的出现，增强我们积极思考的能力。活在当下也是一种可以节约时间的习惯。活在当下会让你创造出一种新生活，忙碌只是偶然现象并不会挤占你一整天的时间。遇到意外情况，冷静下来，不再去想那些"如果"。你要记住，没有比当下更好的时间去收获这些好处了！

练习

1.停止你正在做的事情，想象你面前有一个暂停按钮，并摁下它。这是六十秒停顿法，类似于当我被要求倒述电话号码时的神经语言程序学方法。六十秒足够让你重置你的思维方式，让你回到当下。

2. 呼吸三次。

3. 留意呼吸的过程：冷空气通过鼻子进入，暖空气通过嘴巴流出。

4. 环顾四周，用心地将你的身体印刻在周围的空间里——这会让你的思维变慢，让你回到当前这一刻。当你的思想进入一个更有意识的状态时，你会感觉到自己的能量在转移。

例子：我在客厅里站着，现在是白天，下午两点，我的名字叫伊冯娜，我是一名女性，我穿着黑色裤子和一件白色纽扣的衬衫。

你提供的细节越多，对眼前现实的意识就会越强。

5. 现在，你就在当下。时机合适时，就去创造充满活力的时刻吧！更好的你会随之出现。

| 不要让你的过去偷走你的现在。

——谢里·L. 莫拉加

我是 / 发现

你已经做了很多工作让自己走到这一步。你已经探索了许多问题，并发现了思维方式是如何影响自己的想法和行为的。本次练习是到目前为止，对你所掌握的所有知识的探索，也是适合所有类型的超负荷女性的练习，本次练习亦适合任何有兴趣检验自己的个人成长和意识能力的人。

意识是一个镜头，透过它我们可以探索自己是谁，自己想要什么。为什么这种探索很重要？因为有了扩展的意识，你可以不加评判地去提问，可以在不确定的情况下满怀信心，可以无条件地去爱，可以从标签的束缚中解脱出来，从而发现内在的自我。

除了赶时间、拼业绩和做承诺，我还能做什么呢？怎样才能发现你的"我"呢？怎样才能把你从忙碌这一习惯、从超负荷的工作以及随之而来的内疚和沮丧中解脱出来呢？通过了解你是谁，重新发现、定义自己，培养自己适应、进步和成长的能力。

这种自我追问揭示出了你现在是谁。没有什么是一成不变的，没有对错之分。这个练习是为了通过明确你是谁而非你做了什么，来帮助你发现真实的自己。

练习

1. 爱对你来说是什么感觉和样子？

2. 你最常感受到爱的地方是哪里？

3. 你爱自己的什么？

4. 回到过去，你会给年轻时的自己什么建议？你选择回到哪个年纪？又是什么让你选择回到生命中的那个时刻？

5. 把所有的评判都暂停之后，想象一下你真正想要的是什么？拥有了它之后会如何提升你的生活品质？

6. 今天你能采取哪一步行动让自己想要的东西更接近现实？

7. 什么总能让你感到快乐？

8. 今天你对自己有什么发现？

9. 你会选择哪三个词来描述自己（如永恒，不老，探险家）？

10. 你对"我是谁"这个问题的回答是什么？

　　带着这些问题的答案坐一天左右，如果需要的话，可以坐更长的时间。当你开始思考答案时，要感受一下你内心在说什么，而不仅仅是你在想什么。提醒自己你是一个探索者，对你是谁以及你想成为谁充满好奇。一旦你觉得你已经回答了"我是"这个问题，请使用精简日程中的技巧在"超级解决方案"中得出你的答案。你是谁并不取决于你做了什么，相反的，你做什么取决于你是谁。

　　你已经对自己有了更好的理解，我希望，你也要对自己有更多的欣赏。这种欣赏能够鼓励你做真实、自信的自己。通过以上的练习能帮助你理解信念、看法和态度之间的联系，以及它们如何影响了你的思想和行为。掌握了这些方法后，可以让你有意识地从常规思维转变为强大的、有意识的定向思维。

　　你已经重置了自己的思维方式，现在你已经准备好去解决问题了。你的思维与你需要和渴望的东西保持同步，所以当你在下一节开始应用这些解决方法时，你的努力会让你比想象中更快地得到收获。

第三节
具体实施方案

在你重置了思维方式后，摆脱忙碌的方案将帮助你创造一种更无压力的生活方式，增强你清晰地传达自己的决定和欲望的能力，并重建你对自己想做什么以及何时去做这件事的主权。在第一章的第五节中，我为每种类型的超负荷女性都匹配了特定的解决方案，在本节中也会再次加以说明。请按照第一章第五节列出的顺序来实施本节介绍的摆脱忙碌方案，这样做会加速你彻底摆脱忙碌的进程。那些与你的超负荷女性类型无关的解决方案是额外赠予的，它们将进一步支持你转换思路去思考和做事。找一个合适的时机，亲自去探索一下每一种方案。

每种解决方案都有实用的部分，我们可以轻轻松松地使用这一部分来简化日程、管理时间。这些工具将帮助你从忙碌中解脱出来，这样你就可以减少忙碌，增加自己的平静和快乐感。你会发现，每实施一种方案，都会让你更加自信，也让你更能控制自己的情绪反应。

| 如果事事重要，那么无一事重要。

——帕特里克·伦乔尼

·解决方案·

将有意识思考的力量与深思熟虑的行动相结合，以一种只有你才能实现的方式创造积极的改变。现在，你已经通过了正念练习，并点燃了一种新的思维方式，你能更从容、更及时地采用这些切实可行的解决方案并取得更大的成功。每一个解决方案都会帮助你抑制甚至改变那些可能会阻碍你赶走忙碌的行为和习惯。现在你已经有意识去选择自己的日常生活状态了，是时候行动起来，让忙碌成为过去，并从中获得一些乐趣了。

精简日程

精简日程是另一种安排时间、管理生活的方式。精简日程会帮你去繁从简，给你带来很多的益处。这里的技巧都很实用，能够减少，或者至少帮你认清那些在你每天的生活中不断出现的无关紧要的事情。当你接受邀请或自愿承担额外的责任时，花几分钟探查一下自己的内心感受，然后再投入新的工作中去。意识到自己对任务的重视程度，你就能以一种让自己更满意的、压力更小的方式安排日程。

使用这种精简日程的技巧，来帮助你对自己的日程进行修改。在添加任何新内容之前，问问自己：哪些活动让我感到害怕，哪些活动我取消的次数比参加的次数还多？这两个问题的答案都为你的忙碌动机提供了深刻的洞见，并将帮助你决定是否把这一活动列入你的日程表。

解决办法

·按下暂停键。想象一个大的暂停按钮就在你面前，按下它，在你做出回应之前停止回复邀请、回复具体事项或回应批评。

·知道何时到达，何时离开。在聚会上待得太久，第二天早上会很难起床。这既是一种比喻，也是一个事实。参加活动前，不妨先制订一个计划；没有计划的时候，我们经常不考虑清楚就去做一些事情。在选择接受邀请时要考虑周全，并问问自己何时到达，何时离开，以此来确保自己的日程安排有效。

·为自己预约。这点很重要，因为你不是可有可无的。安排好你的时间，用不同的颜色标记自己要做的事项，并把这看作预约，而不是一个可以为别人或其他事情让位的占位符。记住："如果事事重要，那么无一事重要。"

·听从你的直觉。内心深处那个小小的声音通常是正确的。当它对你说话时，请停下来静心倾听。相信这个声音，你的直觉会指引你走向正确的方向。

·空间。给自己一点空间会开拓你的创造力，激发你解决问题的能力，让你能举重若轻，清晰地发现自己的激情所在。

给你的日历编代码

通过把你的每日活动分为"必须""想要"和"无原因"三类来评估自己的日程表。

·"必须"是为了让你和你所爱的人的生活变得更好而必须去做的事情。它们可能并不总会让你得到即刻的满足，但它们是你生活蓝图的一部分，是让你的生活向前发展的组成部分。它们让你的生活朝着促进你的成长，维持你的安稳，提高你和他人的生活质量的方向前进。

·"想要"会让我们被间接抨击，因为在我们确定自己想要什么之前，必须要知道自己需要什么。回顾"需要／渴望"联系，并根据这个公式将你的"想要"添加到日程中去。

·"无原因"应该总能填满你的日程。这些都是你采取的行动，能激发你的创造力、想象力，并扩大你与自己的灵魂联系、你与他人的快乐联系。

·现在看看你的日程安排，你的"必须""想要"和"无原因"之间达到了一个切实可行的平衡了吗？当你看日程表的时候，你感到满意吗？如果不满意，现在就调整一下你的日程表，重新编辑安排"必须""想要"或者"无原因"，一直持续下去，直到你找到适合自己的三者之间的平衡，找到新的你，找到不那么忙碌的你。

为你的日程表编代码可以让你大开眼界，并且可以成为一个精简日常计划表的快速工具。一次取消或减少一项日程安排，随着时间的推移，你会有更多的时间来做"无原因"的事情。

坦然拒绝

如果你想摆脱"每件事都是重要的"这一观点，那么坦然拒绝就是你的解决方案。与精简日程和给日历编代码一样，学会坦然拒绝对于过一种不那么繁忙、更有活力的生活而言也是至关重要的。

许多女性没有被教导过如何参与到正常的争辩中去，而这方面的能力缺失会让她们对冲突感到恐惧。"不"是一种诚实的情绪，它常常帮助别人理解什么是被期望和被允许的。在修订自己的选择时，说"不"绝对是必要的。像其他事情一样，慢慢地说"是"和快速地说"不"是需要练习的。

如果你不喜欢说"不"，那就先对那些不会对你产生太大影响的邀请和活动说一个小而安全的"不"。当你说"不"的时候，可以用"超级解决方案"来克服你的不适。

新手的"不"

从小到大，长辈都教导我说话时尽量少说"不"，后来我又被教导要学会说"不"。那么，到底哪一个是对的呢？两个都对！在这里，有一些方法可以让你在使用这个简单却强大的字时不再感到别扭。

·镜子。通过对着镜子说"不"来让自己习惯说"不"。设想一个你不想参与，但即将到来的情况。首先，想想你想做什么，记住这一点，然后练习说"不"。每天至少对着镜子说五次"不"，直到你能自信而富有同情心地说出"不"。

·软化剂。当我们觉得某些信息对于别人来说很刺耳时，我们就会用一些词来包装这些信息。在这种情况下，你的"不"很可能连你自己都听不见。尽量避免使用"但是"和"然而"这两个词，因为你在这两个词之前说的每句话都可能被忽略。如果可能的话，以真诚的感谢和赞美开始你的"不"。例如：（1）使用连词"因此"：我很乐意帮助你，不过那天我已经有安排了，因此我得说"不"。（2）使用"谢谢"和一句赞美：谢谢你的邀请，我相信这次活动一定会很壮观，可是我已经有约在先，因此我得说"不"。

·以"我"开始，用"我"代替"你"是一种强大而积极的沟通技巧。使用"你"经常会让别人感到被指责或被攻击，并让他们处于防御状态，当交流双方出现这些感觉时，我们就很难保持合作或理解的心态。为了让别人听到你说"不"，并避免对方问你后续的问题（比如说，"为什么不呢"），尽可能使用"我"而不是"你"。例如：可以说"我今天不行，手头上有很多事"，而不是说"我今天不行，你应该早点问我的"。

　　说"不"给了别人说"是"的机会，给了他们体验付出的机会。除非你因经常帮助别人，而导致自己沮丧不已、不知所措，否则一般情况下，帮助他人都会令人高兴。当你感到沮丧时，你就应该知道有必要设定更好的界限，坦然地说出你的"不"了。界限对所有的关系都很重要，包括我们和自己的关系。良好的界限帮助我们拥有更健康的生活。

驯化时间

　　时间就像一个两岁大的孩子：如果我们不持续地管理它，它就会大搞破坏。你可以通过将下述的实用解决方案应用到日常生活的基本方面来控制或驯化你的时间。承认你的偏好，并清楚地表达你对他人帮助的需要和渴望，这将指导你保护和保持你的时间质量。

解决方案

1. 清理杂物。以杂乱为隐喻，想象一个花园：如果一株植物和其他植物挤在一起，它就不会开出美丽的花朵。它需要微风在它四周吹过，为它的生长提供氧气。我们的生活也是如此。没有思考和休息的空间，我们就无法保持平静，也没办法培养创造力、提高生产力。在任何地方清理杂物都会产生空间，包括在你的大脑里。杂物会分散注意力，妨碍我们放松，影响我们释放想象力。即使是你看不见的杂物，比如说，在一扇紧闭的门后的杂物，也会对你的情绪和心理健康产生影响——因为即使你不看它，也知道它在那里。为了让事物——想法、解决方案、巧妙的努力、技能和成功——得到发展，所有层面都需要空间：精神层面、智力层面和现实层面。这个解决方案将帮助你每天选择一种类型的杂物进行清理。

·设置一个计时器，给自己五到十分钟的时间开始整理。

·把杂物清除掉，不要只是把它挪开。触摸一下一个物体，然后决定是保留它、扔掉它，还是重新使用它。如果你发现自己需要反复考虑是否要保留某样东西——虽然你已经超过六个月没用过它了，那么，是时候把它扔掉了。我们的壁橱里、桌子上、房间里都有这些东西。每次选择一个区域，清理掉需要另寻他处的物品，让整个区域清爽干净起来。

·捐赠。使用"一年"规则。如果某样东西一年内你都没碰过、没穿过或者没用过，那么现在可以重新利用这样东西或者将其捐赠出去了。

2. 了解自己的好恶。如果你不清楚自己喜欢什么，不喜欢什么，那么你每一天都会过得充满恐惧。例如：如果你不喜欢做饭，就不要计划做一顿精致的晚餐；如果你想准时下班，那就留意在下班前的最后一个小时里

成为自己

你做了哪些工作。对待日常的好恶要像对待长远的选择一样谨慎。请利用下面的提示，快速合理地安排时间。

·当你意识到什么能给你带来快乐时，理清杂物会变得更容易。请参考"精简日程"中的两个问题，对一个特定任务或一项义务的重要性和乐趣之间的平衡做一番快速评估。

·尊重你的价值观，你的价值观会影响你的选择。

·当你在做决定的时候，需要利用你的天然特质来指导自己，消除那些阻碍你的杂七杂八的事情。

家庭生活小建议

·在前一天晚上做好第二天的计划。

·如果你早上起床困难，可以在前一天晚上把闹钟放在房间的另一头，那么第二天你想要关掉它时就得起床。

·使用在线点餐服务。在食品储藏室、冰箱和碗柜里放一些你可以在开饭前最后一秒用来和新鲜食材搭配使用的原料。我把它称为"魔法食物"——因为它是三顿家常便饭的现成食材。

职业生活小建议

·在你的办公桌上工作。换句话说,如果可能的话,不要把工作带回家。当然,有时把工作带回家是无法避免的,你可以偶尔这样做,但不要让这成为习惯。斯坦福大学经济学家约翰·潘克维尔的研究表明,"每周工作五十小时"后,我们的效率就会下降。40%的人每周工作超过五十小时,20%的人每周工作超过六十小时。我们都需要做出把工作留在办公桌上去完成的决定,因为这样做能让我们的工作有效率,身心更健康。

·紧扣话题。工作中的人际关系很重要,良好的人际关系可以为我们带来愉快的工作体验。与同事建立牢固的关系并找到共同点可以提升你的整体职业生涯。但是也要避免与同事过于亲密,因为这会影响你的工作效率,并在面对困难需要做出选择时影响你的决策。避免闲聊，尽可能地专注于工作，这会让你能更好地完成任务、更容易离开办公桌，并且你的工作效率会在五十小时的工作时间内得到显著提高。

3. 分配工作。要想成功地分配工作，你需要跟人进行简洁明了的沟通。使用下面的大纲来组织语言，保持语言有逻辑。

· 使用"坦然拒绝"策略中的"以'我'开始"的方法，来陈述你需要什么。

· 向被分配工作的对象表明她的帮助会带来怎样的改变。

· 给对方提供一份任务简介，其中包括这份工作需要何时完成。

· 做一番积极的陈述，夸赞对方的优秀品质，以及这些品质会如何为实现目标做出贡献："我知道你会把这个任务完成得很好，因为你做事非常有条理，富有创造性。"

· 问她是否有任何疑问，并做出相应的解答。

·最后，对以上每个要点做一个简短的总结，如果合适的话，发一封感谢邮件，总结一下你们的谈话。清晰简洁的沟通可以节省彼此的时间。当人们知道别人对他们的期望是什么时，他们会更有可能达到这些期望，并为此感到高兴。

4. 不干涉对方。弄清楚自己所处的位置，并与他人保持距离。过多的帮助并不能解决问题；相反，它会阻碍个人贡献与投入。在需要的地方进行评估和修改，并经常查看你的行为背后的意图，将帮助你在自己的位置上站稳脚跟。

数数自己的"是"

你是否有这样一个超负荷习惯：对每件事都回答"是"？你是否发现由于你答应的事情成为你的手头工作，因此无法完成自己的各种待办事项？如果这些听起来很熟悉，那么数数你的"是"能帮你改掉这一习惯。

这个解决方案会让你更加意识到你有多频繁地主动

答应别人要做什么、要去哪里。其中的步骤包括有意识的思维方式，通过这种思维你可以淘汰掉与你的"需要／渴望"不一致的事情，或者让你的"必须——想要——无原因"三者保持平衡。

解决方案

1. 当你对不属于你一天计划里的事说"是"的时候，你可以记下来——在你的手机上或者纸上记录下来。

2. 留意内心的感受（焦虑、内疚、不安、紧张）。不要评判你的感受，只需注意并观察它们。

3. 在一天结束后，上床睡觉之前，数一数你这一天说了多少个"是"。

4. 从你的清单中删除所有让你感到焦虑或紧张的"是"。剩下的就是明天的"是"清单了。在开始改变的过程中，去除这些"是"是至关重要的一步。

5. 第二天，每说一次"是"，就要从你的清单上删除一个"是"。一旦用完了清单上"是"的数量，就是你停止说"是"的时候了。你现在已经确定了自己认为正确的"是"的数量，这个数量可以上下浮动一两个。

为了更进一步，第二天的第一件事，就是从你新建立的列表中删除一个"是"。测试一下新的"是"的次数，看看你是否感觉更好。如果是的话，那么以这个更新过的次数为标准。

安静几分钟，反思你的"是"背后的信息，通过练习，你会更清楚哪些"是"让你感到愉快，这样，你的付出行为也将成为一种有意识的快乐，而不是无意识的义务。

生活中总有许多时候我们得敞开心扉，随时准备帮助他人。练习不说"是"并不是要让你从这些情况中隔离出去；相反，它是一种设定健康界限，更有意识地生活，在日常生活中创造平衡的方法。

| 人们会忘记你说过什么，做过什么，

但他们永远不会忘记你带给他们的感觉。

——马娅·安杰卢

翻转陈述

正如我们目前所知道的，生活中的一切都取决于我们如何看待事物。无法预料的困难或意外的情况会让我们猝不及防，以至于我们总是出于恐惧和困惑而非冷静与自信做出反应。一旦恐惧开始蔓延，肾上腺素就开始在我们的身体里涌动，模糊我们清晰思考和寻找解决办法的能力。我们依赖于熟悉的习惯来度过这种情况，我们不断地重复问题，从而助长了恐惧和沮丧，限制了从另一个角度看待这种情况的可能性。

要想积极地面对生活中出现的意想不到的曲折，我们就要有良好的看待问题的视角与态度。如果你能消除恐惧，那么你的大脑就会更有效地运作，激活处理问题和管理情绪的区域。"我能行"的态度很重要；因为我们的行动常常基于我们的期望，为什么不期待最好的结果出现呢？只要我们在寻找机会，就更有可能看到机会。

"翻转陈述"可以帮助你改变自己的观点，这样你就可以把你对情况的口头阐释从问题变成机会。通过改变用来描述一次经历的词语，可以改变自己的关注点，扩展自己对可能发生的事情的认知。当我们站在海滩上眺望大海时，我们只能看到一种景色。但如果我们站在高于大海的悬崖上，我们的视野就会丰富得多。我们经常需要退后一步来改变自己的观点，"翻转陈述"可以帮助你做到这一点。

如果你对这个解决方法感到不确定或怀疑，请务必在看完这个练习方法后阅读我的故事。使用翻转陈述帮我度过了一段艰难的时光，我希望它也能帮到你。即便你对自己一开始所做的翻转陈述持怀疑态度，但只要有改善自己现状的意图，你就能渐渐内化自己陈述的语言并强化自己的行为——而改变会随之大量产生。意识到自己如何跟自己对话，才能有意识地去开展对话。

解决方案

1. 问题陈述。写一个在"超级解决方案"中概述过的情境。

2. 翻转这一陈述。把问题转化为解决方案。在本次练习的最后，你会发现一系列翻转词汇。

情境：我无法减肥，这太难了，我没有时间。

翻转陈述：我有机会减肥了，这是一个我准备战胜的挑战。

情境：我的恋爱关系恐怕要结束了，我感到非常迷茫，正在考虑是否应该继续下去。

翻转陈述：我决心去探索自己在这段恋爱关系中想要得到什么，我对自己想要什么充满好奇。

情境：我讨厌这种事发生在我身上，我从来没有交过好运。

翻转陈述：我愿意接受摆在我面前的机会。它只适合我，我要借此机会实现转变。

3. 重复并取胜。通过重复翻转陈述，你将战胜旧思维带来的消极氛围。使用翻转陈述来强化你想要的，并把这个翻转陈述作为一句座右铭来帮你提醒自己的目标是什么。每天早上第一件事就是重复它，一天中尽可能多地重复。在一天结束的时候，让它成为你晚上熄灯前的最后一个想法。

我的翻转陈述

2012 年，就在圣诞节的前两天，我公司所在的大楼被一场严重的暴风雨淹没，顷刻之间，水就已经没过了我们的小腿。这场大雨对我们的大楼造成了非常严重的破坏，我和我的商业伙伴损失了数十万美元，因为我们对大楼的大部分改造刚刚竣工一年。这个损失让我们备受打击，但我们并没有消极太久。我们有意识地把不幸看作是伪装起来的机会。我们立即行动起来，寻找让自己朝着想要的方向前进的方法。我们考虑了现有的选择。例如：搬到成本更低的大楼，重新进行更好的装修，重新定义我们的商业模式，以反映出我们希望享受更多的工作以外的生活的愿望。我们遭受了损失，但工程承包商又多了一个需要重新装修的工程。我们工作室的搬家工人和公司新驻地的大楼业主又多了一份收益。通过从这个角度来看自己的处境，我们把新环境看作了自己之外的许多人得到的意想不到的机会。我们有意识地选择把它看作是一种未知的冒险和一种得失的平衡。正是这种态度让我们专注于建设，而不是拆除。整个过程充满挑战，也十分艰辛。但在整个冒险过程中，我们使用了翻转陈述来弄清自己想要看到什么，而这能让我们集中精力、深受启发。在暴雨满贯的那天，我给这种方法起了一个名字：FLIP（Find Light and Inspiration in the Problem，在问题中找到光亮和启示）。我们做到了，那么你也能做到！

情境词语	翻转陈述词语
挑战	机遇
恐惧	动机
牺牲	奉献
损失	发现
独处	独立
未知	冒险
质问	好奇
失败	成功
错误	学习

情境词语	翻转陈述词语
失望	进化
改变	转变
憎恶	热爱
绝不	偶尔
发生	选择
障碍	垫脚石

　　使用这些翻转词语可以明显地改变你对形势的理解，而这无疑也会改变你的目标和结果。一旦你养成了翻转陈述的习惯，你就会经常用它来做出肯定积极的改变。

设置健康的边界

　　持续地帮助他人、对他人不断地妥协以及不切实际的期望很容易变成消磨时间的习惯。忙碌没有界限，你要做的就是步履不停，就像蹚过一条看不到岸的河一样——你一直在河里蹚水，期待有人能出现，把你救上岸。如果这些你听起来很熟悉，那么就意味着你应该设定一些新的界限了。

界限并不是为了将他人拒之千里之外；相反，界限旨在保护个人空间，以便我们每个人都能保持、保护和发展自我意识。设定健康的界限对于维持健康的人际关系和个人幸福至关重要——大多数人都明白这一点，并尊重我们设定的界限。然而，如果我们没有建立一致的界限，其他人就不会知道他们什么时候会越界。当他们越界时，我们的内心会感到沮丧和愤怒，同时，我们也会被推到没有设定好的界限之外。了解你的底线会帮助你设置良好的边界，也让你有信心守护好这些边界。当你设定新的界限时，可能会受到别人的反对，这通常是对新边界带来的动态变化的反应。设定和执行界限会伴随学习曲线，一旦越过了这条线，到了界限的另一边，你就能更好地管理自己的时间。

解决方案

1. 标记你的感受。要意识到自己的不满或不舒服。这些感觉很可能是你将要突破自己设定的界限的信号。黄旗表示停下来，做评估——评估你是否真的需要做别人要求你做的事情。这些事情是不是太接近你为自己设定的极限了？有没有什么方法可以让你改变现状或者提出什么要求，以便让感觉更舒服？红旗意味着停止和交流——这是一个明确的信号，表明你已经达到了极限，是时候沟通了。你可以坚定并清楚地说明为什么你不会接受那些让你不舒服的东西，然后重申你的界限和你会接受什么。

2. 回顾你的需要与渴望之间的关系。在接受别人的请求之前，确定你需要做什么。确保你真的有时间去做别人让你做的事情，同时不让自己的好情绪受影响。

3. 清晰地沟通。你要明确地表达自己的界限，不要拐弯抹角。一定要注意你和对方的关系以及她的交流方式。这样做会让她更容易听到你要说的话。这是用直接而富有同情心的方式来表达观点的关键。

4. 简单明了。不要想太多你是否应该做某事——跟着直觉走！

5. 持之以恒是关键。要坚守健康的界限。当你不再做那么多事情的时候，你周围的人也会减少对你的期望。

　　把边界想象成楼梯上的扶手，它能让你感觉更舒适自在。

找准你的座右铭

　　座右铭是强有力的语言，长期以来都是一种减少纷扰杂念的好方法。在佛教和印度教的传统中，座右铭具有深刻的精神意义。在西方文化中，人们经常像使用企业口号一样使用座右铭。当然，这绝不意味着在贬低其神圣性或意义；它只是一种让你的思维和意识参与进来的实用方法。座右铭是另一个让自己专注于大局、免受不必要的娱乐活动干扰的工具。

解决方案

　　1. 创造。创造一个包含四到六个词语的短语，这个短语要积极向上，反映你的需求与渴望。要获得这方面的帮助，请使用"超级解决方案"中的技巧。

　　2. 重复。每天至少重复你的座右铭三次，或者每当你需要动力激励自己专注于大方向时，请重复你的座右铭。如果你正在为某种情况、某件事或某个陈述做准备，需要额外的自信，重复你的座右铭将帮助你坚定信心。

3. 实现。把你的座右铭写在一张纸上，然后把它塞进你的口袋或钱包里，也可以把它贴在浴室的镜子、冰箱上或者汽车里。看到它，相信它，实现它！

以下是我最喜欢的一些座右铭：

·尊重自己的想法。这句话能帮助我保持专注，不分心。

·现在就做，不要拖延。当我劝服自己去做一些我知道对自己有益但懒得去做的事情时，我就会用这句座右铭。比如说，我不想锻炼的时候。

·专注于我想要的。这样可以把消极的想法挡在门外，把我的精力引向我想要的结果。

·倾听而不评判。当我发现自己对他人的推理、行为或想法持批判态度时，这句箴言就会对我有很大的帮助。

·此刻发生的事情很重要。当我分心的时候，当我没有时间分给家人和爱人的时候，这句话很有用。

巧妙求助

寻求帮助不会带来什么损失，但如果你选择不去寻求帮助，你就失去了一个机会。当我们帮助别人时，我们的自我感觉会非常好。助人为乐是健康生活的准则，助人为乐的意义不止于帮助他人这一行为本身。帮助他人能激发让我们自我感觉良好的荷尔蒙，可以刺激血液流动，减少紧张、焦虑和压力。

但很多人都忘记了，我们过于乐于助人的天性可能会阻碍他人承担起帮助他人的角色。就我们的孩子而言，当我们为他们做得太多时，我们就剥夺了他们发展自己乐于助人的性格和建立自己同情心的机会。如果你总是乐于助人，别人什么时候才有机会伸出援手，并以此为傲呢？

为别人开门，按住电梯按钮，让别人在交通中换车道，这些都是我们练习帮助别人的简单方法。但是反过来，如何让别人帮助你呢？

解决方案

·你是否经常觉得如果你不去做某件事，就没有人会去做？

　　·你是否认为如果别人接手了一项任务，那么这项任务就不会按照你想要的方式完成？

　　·对你来说，做需要做的事情比向别人寻求帮助更容易吗？

　　·在一天结束的时候，你是否经常觉得你没有依靠任何人的帮助？

　　·"从来没有人主动提出要帮助我"，这句话对你来说是真的吗？

　　如果你对大多数问题的回答都是肯定的，那么你就是一个出色的助人为乐者。别人很可能没有帮助过你，因为他们觉得你自己就能做得很好。如果你不清楚为什么你很难寻求别人的帮助，回顾"超级解决方案"，并完成其中的五个步骤。一旦你对为什么很难寻求帮助有了一个更明确的答案，那么请进入这个解决方案的下一步。

　　1. 求助的艺术。

　　·说明你需要什么。

· 说明它将如何帮助你，要具体一点。

· 说明帮助者给这种情况带来了什么独特的品质或能力。

· 说明对方将如何从帮助中获益。

· 陈述你想要的结果。

2. 创造一句座右铭。以上五个问题的答案构成了你用来求助的座右铭。创造一句座右铭可以提醒你停留在当下，会强化求助的重要性，让你在寻求他人帮助时思路清晰。

3. 养成习惯。寻求帮助时感到不舒服是正常的。毕竟，我们大脑里的求助肌肉是退化的。你必须锻炼它们，就像你锻炼肱二头肌一样。你练习得越多，求助就会变得越容易。

巧妙地寻求帮助是一个能帮你摆脱忙碌的方法，它在很多方面都会让你受益。首先，它可以在寻求帮助的人和提供帮助的人之间建立伙伴关系。当人们为了同一个目标共同努力时，会产生一种团结的感觉。时间可以得到节省，也可以得到分享！

| 我不赶时间。

自我评估

如果你发现自己频繁地给自己的一天增加了太多的安排，那么是时候重新评估、自我反思和重新开始了。下面的解决方案将帮助你做到这一点。你将决定自己是否需要赶时间，你可以在任意时刻重启自己这一天，并快速回归正轨，同时不必匆匆忙忙。

解决方案

1. 重新评估。休息一分钟，重新评估一下自己的匆忙步伐。

· 真的有必要吗？

· 如果我不 _____，它会威胁我的生命吗？

· 这是自我威胁吗？如果我不 _____ 我会感到 _____？

· 如果我停止忙碌，最糟糕的事情会是什么？

· 如果我停止忙碌，最好的事情会是什么？

2. 自我反思。我想要最坏还是最好的事情发生？问问自己这个问题，会帮助你更清醒地思考你渴望的东西。

3. 重新开始。现在，你已经准备好重新开始你的一天了，清晰的方向就在你面前。请填好这句话：我想要
_____，而最好的东西是 _____，这就是我今天为自己做出的选择。

关于匆忙的小提示

·今天没做完的事会在明天等你。

·练习巧妙提问，看看别人是否能帮上忙。

·你可以重新排列优先级，把一些任务转移到其他时间，或者完全放弃一些任务。

·评估一下同一时间只做一件事是否值得；这样做会让你更容易接受这个解决方案，并把它变成一个节省时间的习惯。

五分钟

另一个让你从一天的忙碌中解脱出来的好方法是花五分钟重新安排时间。你会对这五分钟的力量印象深刻，因为它足以让你回到正轨，走出繁忙的车道。

解决方案

1. 呼吸。首先，用鼻子深深吸气，然后用嘴呼气，重复五次。

2. 保持安静。安静地重复"我在让自己的大脑和想法安静下来，这样我就能听到内心解决问题的声音"。

3. 积极地换个方向。给自己三个理由，讲讲你为什么需要并且想要停止正在做或正在想的事情。

4. 陈述新方向。我选择重新安排我的一天，因为 ＿＿＿＿＿＿＿＿ 更重要 / 更令人满意 / 更持久。

5. 重复五次你的新方向。

6. 用这个新的方向来指导你的选择，重新开始你的这一天。

7. 根据需要经常重复你的新方向。

关掉电子设备

你做白日梦吗？你仰望天空只是为了享受天空的存在吗？你散步只是为了亲近大自然吗？你会坐在没有电视或电脑的地方吃饭吗？或者，你在早上拥抱伴侣之前会先拿起你的手机吗？你看社交媒体的频率比看你的配偶或孩子的频率高吗？你有没有关掉过所有的电子设备，哪怕是一个小时？我提出的这些建议听起来是不是很疯狂？也许吧。是时候考虑一下这一切对你的健康、平静感和日常计划有什么影响了。

现在的人们平均每天花在社交媒体上的时间接近两小时，当然，其中有三十分钟左右的小误差。遗憾的是，正如《纽约时报》2014 年的一篇文章所说的那样，我们每天平均只花十九分钟阅读。如果真是这样的情况，我希望你能把这十九分钟都花在这本书上！

当你的思想被挤得满满的时候，就没有想象的空间，没有欢乐，也没有平静。休息十到十五分钟，只关注于自己的呼吸，可以让你的大脑平静下来，为创造力的产生、问题的解决和注意力的提高腾出空间。之后，你很可能会感到神清气爽，精力充沛。寂静是一种天然的灵丹妙药，一种让身心休息的丰富营养。允许自己保持安静，远离电子设备是很重要的，同样重要的是和你爱的人分享一下远离电子设备的意义。你会理清思绪，打开思路，恢复精力，然后发现提高一天质量的新方法——所有的这些都会节省你的时间，改善你的情绪。

解决方案

1.断开连接。每天设定一个不使用电子产品的时间。如果你对它们非常上瘾，那就从每天断连两到三分钟开始，每周延长一点，直到你每天能离开电子设备二十分钟甚至更多。它还能帮助你建立一个"无电子产品区域"。例如：你可以决定在吃饭和睡觉时不使用电子设备，晚上睡觉时关掉手机、笔记本电脑和平板电脑。

2.连接。通过散步、坐下来思考、冥想或园艺来感知你肉体和精神上的自我。当你不再被手机和其他电子产品夺走注意力时，仔细体会自己的感受，你会更清楚地记住一些对话，能更生动地回忆起重要的瞬间。在一天结束时，这些经历将在你与身体、思想、精神和灵魂的联系中发挥作用。

3. 重做安排。现在，你可以用下面这个十五分钟的简单恢复方式来重新分配你的精力。在最初的七分钟里，你的心率会有节奏地渐渐减慢，这是身体释放的放松信号。抬腿会刺激血液从脚流回心脏，并有助于刺激血液在全身流动。这种血液流动会让细胞恢复，也能让你感到放松和清新。

· 仰卧，把你的腿放在椅子或一堆枕头上。

· 膝盖应该比头高，脚应该比膝盖略高。

· 双腿和膝盖弯曲成 90 度角，大腿分开。

· 闭上眼睛，将双臂放松地放在身体两侧。

· 用鼻子吸气，用嘴呼气，保持十五分钟。把注意力集中在呼吸上。

· 利用这段充满活力的时间，真正地融入当下。

经常使用电子产品会让你产生一种错误的价值判

断，会增加你忙碌的紧张感，并助长注意力分散这一恶习。手机只是科技的一部分，它不是你最好的朋友。提醒自己拔掉插头，重新与生活的气息联系起来。

你已经做到这一步了！现在感觉如何？你打开了一扇扇门，让自己忙碌的习惯充分暴露了出来，还接纳了一种新的生活方式。现在，你已经准备好以更多的自由和更少的压力去享受生活了。每当我们享受闲暇时光而不必给自己贴上懒惰的标签时，每当我们相信做得少一点比伪装忙碌更有价值时，我们就能不断地去影响其他女性，影响我们之前和之后的几代人。要因为自己是谁而不是自己做了什么而欣赏自己，这些和现实生活紧密结合的解决方案和实践方法就是实现这一点的关键。

请把这本书放在身边，如果你的生活节奏加快，你又重回到了忙碌的节奏中，就把它拿出来，投入解决方案或专注的练习中。下一节将会讲到如何才能让你坚持下去。52 个摆脱忙碌的小贴士正等着你，它们将陪伴你度过整整一年，让你一次只专注于一件事，做到一天不忙碌！

第四节
摆脱忙碌的 52 条小贴士

这一节将带你进入摆脱忙碌生活的下一个阶段。本节本质上是一个备忘单，你可以把它分成几份，贴到墙上，这些小贴士将帮助你把摆脱忙碌的方法坚持下去。不管你是已经掌握了它们，还是觉得一切才刚刚开始，这些小贴士都会帮助你重置思维，让你不再回到过去的习惯中去。

就像形成瀑布的许多水滴中的一滴，或者是登上高山的第一步，一个简单的动作累积起来就能帮助你到达你想要去的地方。当你把强大的思维方式加入需要 / 渴望的方程式中时，你就能保持自己的正常速度，不会重新回到忙碌的比赛中去。你要有保持正确心态的技巧、特质和诀窍，这些会提醒你，只要在自己的时间安排上做一个小小的调整，就会对你的生活方式产生巨大的影响。这些力量停顿是对闲适生活所做的注解！

闲话少说，这里有为每周（甚至每天）准备的52条小贴士，旨在巩固你从本书中所学到的一切知识。它们会给你精神上的鼓舞，让你生活充满活力。祝你学得开心！

1. 采取自由的态度，态度决定一切！你有没有注意到，当你开始谈论自己计划中的假期时，心情会如何变化？这就是自由的状态：只要想到度假就能让心情变好。这是一种节省时间的方法，可以减少和释放必须完成的事务所带来的精神压力。本周，如果你能出去度个小假，那就去吧！做一个外出游玩的计划，让本周的某一天变得特别。像计划任何假期一样计划它，即使只有一个小时！如果你的身体无法离开，只要让你的精神进入一种自由的状态，你就可能发现一些你原来从未想过要去的地方。当你从精神上的放松中恢复过来时，面对眼前待解决的问题你会持有更好的态度；而一个良好的态度会让你做事更积极，头脑准备更充分，办事更有效率。所以带上你的凉鞋和防晒霜休息一下了吧，是时候让自己重新充满活力了。

2. 保持好奇心，保持一种受鼓舞的状态。请带着好奇心和他人的鼓舞来利用你的时间。如果你对某件事不感兴趣，或者它并没有让你感到兴奋，那就不要把它加到你的日程表上！好奇心能激发想象力、记忆力和学习能力。你大脑中的海马结构会像霓虹灯一样亮起来，释放出让人感觉良好的化学物质多巴胺。当然，这一切都是因为好奇。受鼓舞的感觉能让你从冷漠变得乐观。当你充满好奇并深受鼓舞的时候，你去解决问题和管理日常压力时就会更得心应手。如果你好奇心过重，就很难去批判一些事情；如果你受到鼓舞，就很难对事情无动于衷。请自我激励，并寻找激励你的东西——这样做会改变你体验世界的方式。

3. 找到星期五的心境。研究表明，休息一天有益于健康。当你感觉良好时，你的生活就会好起来。关键是要计划好休假的日子，不要累到不得不打电话请病假，让同事来收拾残局。计划好一天的假期，你就不会因为自己在做一些不道德或对他人不公平的事而心怀自责，或忧心忡忡。你可以提前计划好哪天休假，让你的团队做好准备，如果需要的话，你还可以安排加班来弥补收入上的损失。如果你听到自己说"我没有时间请假"，那将是一个闪烁的红灯，意味着你真的需要一个假期了。也许你不能请一整天的假，如果是这样的话，那就早点下班，这样你就能多出几小时的时间做一些职责以外的事情来恢复精力。当你进入周五的心理状态时，就会改善你的情绪。

4. 通过冥想来激活自己。冥想可以降低血压，缓解慢性疼痛和焦虑，改善情绪，增强免疫系统，刺激大脑中参与创造性解决问题和管理情绪及行为的区域工作。冥想时，会激活自己灵活多变的想法，这将帮助你走向正轨。有时候，我们需要的只是一分钟的精神重启，来保持专注，摆脱忙碌的陷阱。留出一分钟的时间，或者重温冥想带来的魔力，让自己专注地自我重启。可能你用来刷新头脑、扑灭分心的想法所需要做的，就是早晚各进行一次冥想。

5. 调整你的节奏。承认你的节奏过快，今天就下决心改掉一个忙碌的习惯。放慢脚步——你值得。

6. 关注自己的整体发展。自己决定自己的生活是什么样的。不管它看起来如何，它都会反映出你的选择。从今天开始，快速回顾一下你的整体发展，问问自己："我需要怎么做才能得到我想要的？"然后每天采取一项行动，慢慢向着目标的方向推进。你可能无法在一天或一周结束前达到目标，但目标会离你越来越近，也会变得更清晰，这会让你充满自信，也会带给你满足感。

7. 设置优先级。今天，提醒自己，在工作项目上花费的时间要有益于你的整体发展。做计划前要想一想，这是必要的还是必需的？如果我不这样做，我的生活又会受到什么影响呢？每项事务都花一分钟来考虑一下，然后做出一个最符合你利益的排序。

8. 说出你的意图。我们谁也不想像轮子上的仓鼠一样，在原地打转。时间太宝贵了，我们不能没有任何进展地在原地打转。你可以在采取行动之前设定好意图来避免这种情况的发生。这样做，相当于给你的内心打了一针立即见效的安慰剂；这是一种正念练习，强调有目的的行动。有意图的话语可以有效地、积极地推动你的行为和选择。在做决定之前，先问自己两个问题来确认自己的意图。"我做这个决定的目的是什么？""在我采取行动之后，我想要获得什么样的感受？"你的目标会驾驭你的思想，推动你朝着想要的方向前进。不要再原地转圈了！

9. 与大自然接触。大自然对我们无所要求，却把自己完全呈现在我们面前。宠物也能提供同样的爱意。今天就花点时间来欣赏大地、天空、微风和动物，它们给我们居住的生态系统带来了平衡和无条件的爱。

10. 倾听自己的心声。用手捂着心口，倾听自己的心声，尤其是当你在做一个艰难的决定时。用五次深呼吸来清空你的大脑，然后让你的心说话。用心去感受你想要说什么，而不是用脑袋去思考。练习自我倾听，因为你的心总会说出真话。

11. 断开连接，再重新连接。让自己从种种干扰中脱身，重新与爱、欢乐和平和连接起来，是培养自己内在力量的重要方式。在今天或本周内，与你内部圈子里的一个人至少分享十五分钟的时间。不看任何电子产品，跟对方进行一次轻松有趣的交流。当看到自己所爱之人或听到他们的声音时，会刺激我们产生爱情荷尔蒙——催产素，而这不会发生在电子邮件或短信交流的过程中。在你们的联系结束后，你会感觉良好，你的能量会得到补充，你会更愿意专注于事物积极的方面。

12. 期待意料之外的事情。生活中往往会出现意料之外的事情。而良好的心态是最好的工具，它能帮你把任何由意料之外的事情带来的恐慌或混乱转变为自我改变的机会。选择去专注于你想要的东西，而不是让你感到恐惧的东西。这样做会让你在不管面对什么的时候都能将注意力引到解决方案上面。

13. 抽离出来。今天，远离那些不需要你的人和事。如果你在某种情况下不是必要的角色，那就抽离出来，置身事外。从家庭治疗师的角色上退休，让别人自己解决自己的问题。本周，从调解中抽身出来休息一下，无论是同事之间的利益之争，还是家庭成员之间的争吵。让别人来探究如何解决这些问题，如果他们问："你为什么不帮我？"你要让他们知道你认为他们能行。你不会放弃任何人——但你要学会放手。抽离出来可以让你在不为他人操心的情况下关注自己的感受。

14. 说话要有诚意。你想要什么，就要说出来；你需要什么，也要说出来。满足需求的最好方式就是表达清楚你想要什么，要说"我需要"而不是"你应该"。"你应该"的说法会让别人进行自我辩护，而不能让他们处于合作的境地。不要忘记请求背后的意图，意图驱动你话语的能量和表达的语气。说话要斩钉截铁，并且带着善意。斩钉截铁地说话可以节省很多时间，也能避免耗时的、让你分心的误解。

15. 抬起头来。当你抬头时，就很难皱眉。只要向上看，你就能改变自己对事情的看法。面对挫折时，要抬头微笑，不要低估微笑的力量。一个真诚的、发自内心的微笑能够缓解紧张的气氛，增加快乐和合作的感觉。微笑是一个暂停键，能让你停下来看看自己可能错过的风景；微笑也是一种有效地拉近你与别人的距离的方法。

16. 与他人保持联系。你花费的时间是丰富了自己的经历、提高了私人感情的质量，还是只是让你在同时处理多项任务而已？如果你要去跑步，在跑步的时候给你的朋友打电话，那么你将无法达到运动的目的，无法恢复精力，因为这两种活动都会争夺你大脑的注意力。我们是社会性的人，与他人分享时间对于获得健康的、充满活力的生活是必不可少的。但当我们把时间分散在一对一的联络和做其他事情之间时，生活就不是健康、充满活力的了。安排时间去欣赏一个你爱的人，心无旁鹜地跟对方分享彼此陪伴的快乐。今天花十五分钟参与一次互动、进行一次对话或者享受一个安静的时刻。这样做会让你头脑清醒，让你与他人建立更好的联系。

17. 渴望更好，但不用完美。让这句话成为你这一周或这一天的口头禅，并成为你与自己达成的一个终身协议。

18. 找到你的笑点。如果你能在适当的情况下找到某种情形中的笑料，你会发现，这个笑料可以帮助你化解冲突，减少紧张，创造亲密感，并帮你正确看待可能出现的错误。大笑的感觉很棒！因为你的快乐荷尔蒙会燃烧起来，让你很快回到一个更好的心境中。在本周，请保持轻松心态，每天至少笑一次。

19. 深呼吸。深呼吸是我最喜欢的一种恢复能量的休息方式。深呼吸是一个简单有效的小妙招，它能提醒你在做任何其他事情的时候都立足于当下。当你面临挑战或意想不到的情况时，在做出艰难的选择、承诺或改变之前，停下来深呼吸五次。这样做会给你足够的时间找到正念中心，重新平衡思维，让自己做出回应。深呼吸法非常有效，可以改变你的心境。

20. 告别一心多用。我们的大脑不喜欢同时处理多种任务，事实证明，一心多用的时候，即便大脑看起来在运转，但实际上它并没有在真正工作。"任务转换是昂贵的"，可能会损失高达"40%的生产力"。本周，开始并完成一个项目，然后再开始另一个。如果你是一个一心多用的人，那就从小事做起，这样你就会有一种彻底完成任务的感觉。你只是一个人，所以不要一次做多人的任务。

21. 记录下你一天的影像。我们并非每天都在跑本垒打，有时我们只要单纯跑到下一个垒包而不出局，就会感到很高兴。通常，尤其是在节假日，我们的时间很快就会被排得满满的。所以，本周按下暂停键，只记录下你的一天。把那些暂停的安排想成是以后要做的事，而不是现在就要去做的事。一次打一个垒就能让你跑回本垒。记住这句格言："一次吃一口，就能吃掉一头大象。"记住这一点，现在没有完成的事情会在以后完成，又或者你可能会把这件事从你的待办事项列表中全部画掉。

22. 与你的感官连接。今天，为你的感官做点安排。去凝视一些美丽的东西，吃一些美味有营养的食物，花时间闻闻花园里的香味，听一段美妙的音乐，拥抱你爱的人至少 8 次。这是一个提醒，它在告诉你，滋养整个身体、心灵、精神对于轻松过一天至关重要。

23. 把不重要的事情外包出去。大多数成功人士都能把事情做好，因为他们知道何时寻求帮助以及如何寻求帮助，这对于实现他们的目标来说是绝对必要的。他们会把工作委派给其他人，并选择那些最适合协助自己完成工作的人。今天，把自己想象成你个人生活的首席执行官，把那些不会让你的目标向前推进的任务分配出去。你也许需要减少一些控制，也许你寻求帮助的人不会完全像你那样去做事。但如果这是一件不重要的事，外包给别人去做不仅不会对你的做事底线有太多的影响，而且可以腾出一些时间让你获得必要的休息。

24. 让周三变得快乐。周三是一周的中间，也是一个评估你当下的状态和你希望这周剩下的时间是什么样子的好时机。周三是周中休息，打破常规做一些有趣的、自发的、能让你转移精力和注意力的事情的理想时间；这也许是你和伴侣在周中约会的时间，在家看电影的时间，或者和你的朋友一起参加睡衣派对的时间。不管它是什么，把它作为一个重置你思维方式的时间，让它带你度过一周剩下的时间。

25. 清理办公桌。杂物是一大堆分散注意力的东西，它们堆成一堆，到处都是。我们大多数的人都习惯整理自己的家，但是你会习惯整理办公桌吗？杂乱的办公桌会造成紧张和困惑，严重影响我们集中注意力的能力，因为我们的大脑会把杂物解释为需要我们去完成的事情。本周，当你在办公室或其他任何地方遇到杂物时，花几分钟考虑一下这个问题：杂物消耗精力，占据物理空间，每次你把它从一个地方搬到另一个地方都需要时间和精力。你把它放进文件里，把文件放进抽屉里，如果你忘记了它的存在，那么它的下一站可能就是碎纸机或回收箱。你可以把杂物撕碎，回收利用，但你不能回收利用你的时间。把你的办公桌清理干净，这样你的大脑也能保持清醒。

26. 给自己一个休息的时间。当我们做饭、做运动、考试或者给我们的孩子休息时间的时候，我们都会放置一个计时器。这是一种非常有效的做事方式，因为一个固定的时间可以提醒我们每件事都有一个开始和结尾。这对任何类型的超负荷女性来说都是一个重要的提醒，因为不设定停止时间是我们进入繁忙生活的首要原因。是时候离开老路了，空出点地方来，让自己什么都不做。是的，什么都不做。今天，给自己一个休息的时间，或者这周的每天都给自己一个休息的时间。可能是十分钟或三十分钟，但无论是多久，设定一个定时器，并用心休整一下。你会体验到新的可能性，这可能正是你一直在寻找的答案，或者是你需要的让自己重整旗鼓的东西。

27. 对上网冲浪说"不"。我们都知道开车时不应该发短信，而且我们大多数人都希望晚餐时伴侣能和我们沟通交流，而不是沉迷于智能手机。最近的一项研究表明，一般人一生中会有五年的时间在使用社交工具。想要改变这种习惯最好一步一步来。今天，留意一下自己使用电子产品的时间。在开车、吃饭、与人交流的时候，放下电子产品。请做到这三点，或者做到其中一点。你能做到吗？看看自己能坚持一天，还是一个星期，我想你可以的。当你做到了，你就不必向任何逝去的岁月挥手告别了。

28. 记住我母亲的忠告："发生什么并不重要，重要的是你如何处理它。"这是我的母亲在我成长过程中反复给我的忠告。它提醒着我们，我们的行动和行为是自己的选择，而不是由外部事件造成的。这种自由的理念可以让你避免陷入令你沮丧的情形或冲突中。调整自己，无论发生什么，你都能更好地主动去解决它。在事情过去之后——肯定会过去的——你一定能从你处理这件事的过程中得到满足。

29. 活在当下。你不必永远活在当下，但此刻，你应当如此。如果你觉得自己做得或想得太多了，那事实很可能就是你没有把握当下。我母亲常说："任何人都可以单腿站立一分钟，但不能站立一个月。"留心这个明智而简单的建议，停下来评估一下你的单腿站立姿势是否在推动你前进。

30. 玩。玩是大脑的乐事，当我们玩得开心的时候，大脑会释放出让人感觉良好的化学物质多巴胺，以及能止痛和消除压力的内啡肽。这就是电子游戏和身体锻炼具有吸引力的原因，它们都能刺激大脑产生这两种化学物质，而锻炼是比电子游戏更健康的选择。如果你有更多的快乐，更少的压力和痛苦，那么你将会变得更积极，工作也更有效率。与人互动、扩大合作、进行团队建设、刷新思维，都是很有益的事情。本周，安排好你的娱乐时间吧。你可以边做饭边不由自主地跳舞（我母亲的最爱之一），也可以进行雨天寻宝。在办公室里，与你的团队一起，每个月吃一顿疯狂的午餐，挑战一下叠杯游戏。你做什么真的不重要——只要开心就好！笑一笑，保持轻松，记得去玩！

31. 选择你的用语。改变现实最有效的方法之一就是谨慎地选择自己的交流用语，真诚地对待自己需要说的话。这种真诚发自内心，能帮你得到期待的结果。当你的内心所想真正主宰着你的话语权时，你的叙述就会得到改变，你的现实情况就会受到影响。话虽如此，但我要澄清一点：健康的谈话不是由批判构建的，而是由同情、善意、真理构建起来的。用这个框架设定你的意图，并把你要说的话付诸行动。与其往回看，从你头脑中的文件柜里取出一个习惯性的短语（比如说，"我太忙了"），不如试着把它改成更坦率的语言，以此来表达你的想法（比如说，"现在不行"或"我下次再去"）。像这样的简单话语可以让你的思维从防守型转向探索型，让你避免陷入时间的陷阱。你可以今天就尝试一下，创建用来传递消息的健康框架。设定你的意图，深呼吸，然后用积极的方式陈述你要说的话。避免使用不确定的语句，如"也许吧"或"可能吧"；清楚地说明你现在要做什么，你可以随时重新思考或者更新自己所说的内容，如果你觉得自己需要说一些不确定的话，那么也请说："我现在可以做这件事，之后，我会在（特定的日期和时间）告诉你我能做什么。"简单、清晰、明确的陈述能使沟通更容易，并且避免混淆，也避免因为误解而造成你的时间的浪费。

32. 享受其中。乐趣如何帮你更好地分配时间？愉快地放松一会儿就像远离一个项目一会儿一样让你身心放松。你会获得新的视角，更富有创造力和情感活力。仅仅几分钟自发积极的娱乐就能让你精神焕发，情绪高涨。当你把乐趣放在首位时，你的生活会更有活力。今天创造一个有趣的时刻吧，把乐趣放在首位，在一天结束的时候和你爱的人分享这个时刻，让他和你一起重温。这样做会给你带来乐观和愉快的感觉，而乐观和愉快都能让你更有创造性地解决问题，并能提升你的精气神。

33. 度过没有负罪感的一天。现在从饮食到所思所想，人们都在随意地使用"无负罪感"这个词语。对自己可能说过或做过的事感到内疚会阻碍你前进，这其实是一种精神上的累赘，很容易耗尽你的精力。想想会激起你负罪感的三件事，通过审视这个问题，可以把你与负罪感的关系暴露出来，进而开始培养管理它的正念解决方法。犯错对个人成长是必要的，它和在自己没有达到预期目标时放过自己一样重要。今天，请秉持一种"总还有下次机会"的态度。让这种态度慢慢浸透，用它来帮助你摆脱痛苦，认识到你有能力修复或改善已经发生的事情。这样做会给你希望，让你有信心下次会把事情做好，或者至少做得更好。

34. 挑战自己。你可以计划或尝试一次把手机关机一天。当然要告诉大家你在哪里，你正在接受挑战——让他们知道今天不要给你打电话了。在这个挑战的过程中，你可能会觉得你是地球上被抛下的最后一个人，但我保证，到最后你会惊讶地发现这一天是多么地真实。

你会更清楚地看到周围的色彩，听到和记住别人对你说的话，品尝到美味的食物，闻到更加浓郁的香味。在此期间，你可能会放松到打瞌睡，你也可能会敏锐地意识到你被你手中的小恶魔（手机）困扰了多长时间——它不断地刺激你去滑动、点击、浏览和签到。要敢于把它关掉，开启完全属于你自己的一天。

35. 讲述一个故事。以故事的形式叙述你的日程安排，会为你的一天增添些许趣味。当你感到心情沉重时，这种做法会让你的情绪变得轻松。这种做法也是一种非常有效地安排一天的开始、过程和结束的方法。像专业人士一样展开讲述，真实地与人交流，清晰地与人沟通，让对方听到你所说的内容。设定你的开场场景：你计划在中午之前完成什么？确保你的第二步里有提神的元素——好吃的东西或愉快的活动——这样，你的注意力就会集中，你的能量就会受到激发。到了最后一步你会对结局充满期待——低优先级的任务，可以快速完成；不需要太多注意力的任务，最好放在这段时间。

36. 反思。我们很容易把今天的事情拖到明天去做，而忘记反思当天发生的事情。反思自己一天所做的事情可以提高效率，激发想象力，这样你就可以产生新想法，并全面地看待事情。反思是一种让"我能做到"的心态得到约束的方法，它能让你吸收有用的东西以调整或改变你自己。正如美国哲学家、心理学家约翰·杜威主张的那样："我们不能从经验中学习……我们要从反思经验中学习。"本周每天结束时，花几分钟反思一下你的一天，写下最有效的策略，这样下次你就可以重新使用它们了。每过好一天就给自己一点鼓励。感受属于你的时刻，不要让它们悄悄溜走。

37. 放慢脚步。勇敢地放慢脚步，让今天变得与众不同。一次只做一件事，在继续之前，停下来反思一下，会大大提高你的工作效率，促进精神健康。多项任务同时处理会让大脑把所有的事情都看成是重要的，从而导致时间的浪费，造成一定的误解。慢下来会提高效率，并对你的工作质量产生积极的影响。把放慢脚步想象成美味的汤或调味汁，炖煮的时候，颜色变亮了，味道也就出来了。当你慢下来的时候，你的身体和大脑都会发生变化。从广义上说，当你停止同时处理多项任务并放慢速度时，思想会变得更加微妙、更富有创造力，想象力会更加丰富，心情也会变得愉快。

38.分块处理事务。有意识地暂停一下，运用时间管理方法，将你一天的时间分成小块，在从容不迫的情况下完成你需要做的事情。首先，为这一天精心准备一个计划，包括用积极的方式陈述一个简短的句子，来提醒你今天的最终目标。选择一天中你做事最高效的时间段，把这段时间用在最需要集中精力的事情上。用一个事先准备好的奖励结束你的一天，以赞扬自己这一天的努力和成就。用其他时间来处理日程表上不那么密集的事务。早晨、中午和晚上是划分一天的常见方式，但你可以把一天划分为上午和半上午、下午和半下午、傍晚和半傍晚。无论你决定做什么，都应该选对你有用的。这是一种节省时间的日常计划方法。当我们完成计划后，可以进行自我奖励——这是你应得的！

39. 在进步和完美之间选择前者。进步使你前进，一步一个脚印；然而，完美会让你停滞不前，一次只能有一个想法。这些想法往往是自我批判式的，阻碍了新想法的产生，并占用了你的时间。正是我们的缺点和不确定性为我们提供了成长和学习的空间。我们时常忘记，每天的意义在于我们的新发现和随之而来的种种想法和经历，这句话听上去虽然简单，但事实确实如此。这周，为自己的成长和学习腾出空间，每当有新任务时，用成长和学习的态度谨慎地迈出自己前进的步伐。

40. 规划一份新蓝图。如果你感觉自己每天都像坐在自动驾驶座位上的司机一样，那说明你的生活实在太循规蹈矩了。你感觉平淡是因为你的大脑和心灵都磨损了——你做了太多相同的事情。你可以规划一个新的蓝图，调整那些让你感到有负担或者无聊的日常任务。比如，把早餐当正餐，选择沿途风景优美的路线去上班，每周开工作会议时坐不同的椅子，尝试去一家新的餐馆……任何简单的改变都可以启动你的思维，帮你重新建立好奇心和敬畏感。本周至少要敬畏一件事，进行一次新的探索，要让这种敬畏和好奇成为你新蓝图的一部分。

41. 消除怠惰。你要知道，当自己的精力、热情和注意力都消失在兴趣缺乏和疲倦消沉中，当你所做的一切都停滞不前时，你的工作效率会极大地降低。这种情况下，一杯提神饮料或一根棒棒糖是帮不了你的，但是以下这五种提神剂却可以帮助你同步自己的思想和身体，让你带着热情更好地完成一天的工作：

·站起来，走动走动。换个位置，即使只是从办公桌走到公司的休息室也可以。出去散散步，抬头看看周围，能让你的心情变得更好。

·闭眼一分钟，然后再看看你爱的人的脸，给他们一个微笑，你也会得到同样的微笑。

·做一个有力量的姿势。"采用夸张的姿势会让人感觉自己更强大。"当你觉得自己更强大时，你就更容易做到有效地思考。

· 吃一些健康美味的食物。

· 喝水。水是一种神奇的长生不老药，可以滋润身体和心灵。

42. 给你的日历标上颜色。虽然你有很多事情要做，但这并不意味着你不能让事情变得丰富多彩。给日历标上颜色是一个很好的方法，让你一眼就能看到自己需要做什么，同时也能让你一周的生活变得鲜活起来。这种方法还能让你看到哪些时间安排的事情太多，以及如何把事情分散地安排下去。用你最喜欢的颜色标记好玩的部分，并且确保自己能够完成这一部分。

43. 学会提问："为什么是现在做呢？"有些时候，你的计划和要求会被打乱，你会忘记你要去哪里以及怎么去。重新审视"为什么是现在做"可以提供一种新的视角，帮助你重新聚焦自己的方向。在一天开始的时候花几分钟，在脑海中回顾一下你的日程，问问自己，为什么要现在做这件事？如果你想不出一个有意义的答案，那就把这个活动从你的计划中删掉，允许自己以后再去做。一天中，当意想不到的事情突然出现且需要你格外注意或努力时，一定要在做之前问自己：为什么我要现在做？在你说"是"之前，停下来评估一下，这样在一天结束的时候你就不会束手无策了。长期保持下去，你做任何事情时都会非常有效率！

44. 选择三种自我照顾的方式。有意识地选择三项活动或三个仪式是一种正念技巧，在这种技巧的帮助下，即使有意想不到的变化闯入了你的生活，你也能保持专注。这三件事可以让你在每天结束时都有一种胜利的感觉，让你有一种"是的，我做到了这三件事"的自豪感。确保你选择的这三件事可以改善你的心情、健康，让你更有幸福感。我选的三件事是冥想、服用维生素和锻炼。选择三种自我照顾的方式，能让你在一天结束时精力充沛，感觉自己就是赢家。

45. 想象你的行程。你可能无法改变你的时间表，但你可以改变你对它的看法，从而改变你对它的感觉。

改变思维方式会给你带来不同的看问题的视角和体验。在每周行程开始时，你都可以把它当作一个旅行计划而不是一份处理事务的时间表，想象自己要以旅行的方式过完这一周——一路上，你会看到优美的风景，可以享受浪漫的时光。每天选择一件能让你有旅行感觉的事情，而不是让你感觉一天过得飞快的事情。制订行程，包括兴趣点、休闲时间和至少一次的外出就餐。在这周结束的时候，回顾你曾经做过的事情，你将会重新回忆起你去了哪里，看到了什么，而不是反复感慨这是多么忙碌的一周。

46. 找到自己良师益友的一面。我们的良师益友会指导我们，不加嫉妒地鼓励我们，友好地支持我们，助推我们成长进步，激发我们去发现自我。我们的良师益友和我们之间是一种互相进行探索的关系。有时候，生活要求我们做自己的良师，相信自己的智慧和勇气，不需要别人的赞同和建议。这周，你可以回归内心，去找自己良师益友的一面。做你自己的顾问，用你的经验和洞察力做出经过思考的自己喜欢的选择，并对此采取深思熟虑的行动。发挥你的天然特质，用心斟酌，去引导自己克服自身的不确定性。做自己最好的良师，为自己加油喝彩。相信只要自己需要，你会随时陪着自己。在一天开始的时候，花点时间问问自己，你会教给自己什么，你会选择去学什么。教与学是相辅相成、相互促进的。

47. 重新开始。希望源于新的开始。放下过去，当你从怨恨、愤懑或误解中解脱出来时，你的心灵就会自由地茁壮成长。以全新的姿态开始新的一周，放下所有的不满，哪怕只是一天，也能让你的大脑享受新颖的想法、健康的解决方案。你的身体、思想和灵魂会感谢你让它们恢复精神状态。

48. 充满活力。今天有无限可能，有各种未知的选项让你从中去洞察自己是谁。知道自己需要什么、想要什么对于了解自己至关重要。当你知道自己是谁的时候，你会更容易、更清晰地做出决定并制订出解决方案。今天，你可以试着让自己充满活力，要大胆，要对一切能够帮你发现活力的可能性保持开放的心态。让你身上那道充满活力的光芒出现吧，其他人会被你的光芒所吸引，并做出回应。

49. 为自己导航。了解自己的特质在何时以何种方式引导自己，会让你带着自信的权威和明确的目标，更有意识、更频繁地运用这些特质。那些你运用得最多的特质有助于维持你的个人行动轨道。它们将指导你的行动，帮助你维持现状，引领你现实自己的目标；就像夜空中闪烁的星星一样，它们让你与众不同。让你的日常生活可控并影响你的决定和选择的基本要素是什么？如何在困难的时候保持自己的信念？你的梦想和欲望在什么时候最璀璨夺目？为这些梦想和欲望导航的原则是什么？也许你是一个优秀的组织者、一个有远见卓识的人、一个乐观主义者和一个务实的思考者。在今天，就把这些才能和技能放在最重要的位置，让它们为你工作。在脑海中想象出一个标准罗盘，然后将你的四个突出的特质写在东西南北的四个方向——这是一个可以刻印在你脑海中的画面，特别是当生活向你的方向扔流星时，你可以很快准备好，迎头赶上你的目标。

50. 为生活注入一些大爱。什么能让你极度满足，给你带来巨大的快乐，并强烈地吸引你？你的大爱是什么？做一些吸引你的、让你充满愉悦的、包含大爱的事情，让你的一天被光亮点燃。这是一个巨大的情绪助推器，可以有意识地重置生活中美好的事情。当我们为爱和喜悦而兴奋时，我们的能量就会发生积极的变化，我们的感官会变得清晰，一切都会变得非常美好。热爱你的生活，把你的光亮播撒出去。

51. 培养一个业余爱好。你可能不知道，业余爱好可以为我们提供安全剂量的内啡肽。业余爱好也是一种有趣的并能有效催生积极压力的东西。积极压力是一种可以激励你的压力，当你在度假、玩游戏或从事惊险刺激的冒险活动时（如滑翔伞或滑雪），这种压力通常会被激活。积极压力的好处不止于此，它还能增强积极的思维，调整身体和心理状态，让我们对生活充满动力和热情。而在注意力、精神状态都得到调整之后，你的努力可能会带给你更加丰富有益的结果。本周，你可以把一项爱好变成习惯。这将是一个走出忙碌、获得休息的好机会，也是一种让你的注意力更加集中，让你的一天充满活力的自我滋养方式。

52. 微笑着说谢谢。微笑和感谢是两个简单的姿态，充满了优雅和感激，可以提升人的精神。当你对他人微笑并发自内心地感谢对方时，你和他人的幸福指数会成倍增长。今天就开始分享微笑和感谢吧，让你的每一天都变得更美好，也让世界变得更美好。

结 语

　　在写作这本书的过程中，我与许多不同年龄、不同背景的女性进行了真诚坦率的交谈。我发现"扮演好所有角色"的无力感以及忙碌背后我们所背负的他人的要求和期望，把我们团结在了一起。我们所有人需要做的就是观察自己的女儿、姐妹、朋友和女同事，看忙碌是如何笼罩在我们所做的事情上的。我们再回过头，看看我们自己忙碌的生活节奏是如何影响我们与母亲、祖母或生活中其他女性长辈相处的时间质量的，我们发现忙碌会代代相传。二十五岁的女儿和我分享了一些关于在忙碌中挣扎的事情。她说："妈妈，根本就没有'找到'时间这回事。你不能'挤出'时间。不是说你出去就可以发现时间躲在灌木丛里，或者说你让时间出现它就会出现；你必须'规划'时间。这就是我们如何通过计划时间做出改变，让时间变得不同，从而让自己的生活变得与众不同。"

所以，从一个女人到一群女人，带着正念的意图、清晰周到的沟通、健康的界限以及对彼此的爱和同情，会给我们的生活带来积极的影响。让我们齐心协力，为我们自己，也为我们身边的人带来最大的改变吧！

| 我们并不是在追求完美，只是在追求更好。

致 谢

　　我的天使们在支持、信念、爱与幽默的无限和谐中，挥舞着翅膀。在这里，我要感谢所有人：感谢我的女儿朱丽叶，感谢她超越自己年龄的洞察力，感谢她的鼓励和她教会我的社交媒体知识；感谢我的商业伙伴和最好的朋友——吉尔，她让我有了写作这本书的时间，而且她从来没有抱怨过那个为写作而絮絮叨叨、忙碌不堪的我；感谢丽贝卡的忠告和坚定的鼓励，感谢她不断提醒着我时刻记得对这本书的期望；感谢罗克珊，她富有直觉和幽默感；感谢我的神经语言程序学导师蒂姆和克丽丝·哈尔博姆，感谢他们出色的教学；感谢大卫教给我的一切，感谢他愿意深思熟虑后回答我的许多问题；感谢我的经纪人约翰·威利格，他是第一个相信我的人，他不厌其烦地帮助我寻找出版公司，并与我分享了"永远向前"的真谛；非常感谢新世界图书馆的主编乔治亚·休斯和联合创始人马克·艾伦，感谢他们给了我这个机会，给了这本书一个合适的家。